블루투스와 와이파이 통신을 이용한

아두이노와 앱인벤터
입문 + 실전(종합편)

기초부터 인공지능, 스마트자동차, 스마트홈 등 수준 높은 프로젝트까지

앤써북
ANSWERBOOK

블루투스와 와이파이 통신을 이용한

아두이노와 앱인벤터 입문 + 실전(종합편)
기초부터 인공지능, 스마트자동차, 스마트홈 등 수준 높은 프로젝트까지

초판 1쇄 발행 | 2020년 11월 15일
초판 2쇄 발행 | 2022년 07월 30일

지은이 | 장문철
펴낸이 | 김병성
펴낸곳 | 앤써북

출판사 등록번호 | 제 382-2012-0007 호
주소 | 경기도 파주시 탄현면 방촌로 548
전화 | 070-8877-4177
FAX | 031-942-9852
도서문의 | 앤써북 http://answerbook.co.kr
ISBN | 979-11-85553-66-5 13000

[안내]
• 책에서 설명한 사례 그림 또는 캡처 화면 일부가 모자이크 처리되어 있는데, 이는 각 콘텐츠 개발사와 창작자의 권리를 보호하기 위해서입니다. 책을 보시는데 약간의 불편함이 있더라도 이점 양해바랍니다.
• 이 책은 다양한 전자 부품을 활용하여 예제를 실습할 수 있습니다. 단, 전자 부품을 잘못 사용할 경우 파손 외 2차적인 피해가 발생할 수 있으니, 실습 시 반드시 책에서 표시된 내용을 준수하여 사용해야 함을 고지합니다.

Preface

머리말

이 책은 아두이노와 앱인벤터를 결합해서 다양한 프로젝트를 시도해볼 수 있는 길잡이 역할을 하기 위한 책이라고 할 수 있습니다.

독자분들은 이 책은 내가 직접 만든 앱을 통해 블루투스 통신 또는 와이파이 통신으로 아두이노 제어할 수 있다는 점이 가장 큰 특징입니다. 또한 이 책을 집필하면서 가장 많이 고민한 부분은 '누구나 쉽게'입니다. 특히 그림을 많이 실어 독자들이 쉽게 따라할 수 있도록 하기 위해 노력하였습니다.

아두이노, 앱인벤터에 관심이 있는 분이라면 책을 통해 손쉽게 아두이노 프로젝트를 만들고 직접 만든 앱을 통해 아두이노를 '쉽게' 제어할 수 있을 것입니다.
설령 아두이노, 앱인벤터 대한 지식이 전혀 없는 독자라고 할지라도 직접 따라해 보면서 익힐 수 있기 때문에 왕초보자도 부담없이 시도해 볼 수 있을 것입니다.

독자분들은 이 책은 다양한 예제를 통해 기본기를 익힌 후 최종적으로 스마트자동차를 만들고 자동차를 조종하는 앱을 만듦으로써 프로젝트의 결과물을 낼 수 있습니다.
그뿐만 아니라 4차산업혁명에 필수로 자리잡은 인공지능 활용한 챕터를 다루었습니다.
인공지능 프로젝트를 실행하고 진행해 보면서 인공지능의 기본 학습 원리를 이해할 수 있습니다.
그리고 실생활에 많이 사용할 수 있는 와이파이를 활용한 스마트홈 프로젝트도 다루었습니다.
다양한 프로젝트의 결과물을 완성시켜보는 재미를 독자도 함께 즐기셨으면 좋겠습니다.

모쪼록 이 책이 아두이노와 앱인벤터에 관심이 있는 독자들에게 아두이노와 앱인벤터의 무한한 매력에 대한 호기심과 흥미를 일깨워 주는 가교의 역할을 할 수 있기를 기대합니다.

4살 딸아이 다인이에게 "앞으로 건강하고 오래오래 행복하게 살자!"고 말하고 싶고, 딸아이를 키우면서 힘들었을 아내에게도 고마움을 전합니다.

저자 **장문철**

Reader Support Center

독자 지원 센터

독자 지원 센터는 이 책을 보는데 필요한 책 소스 파일, 프로젝트 파일, 독자 문의 등 책을 보는데 필요한 사항을 지원합니다.

책 소스 및 프로젝트 파일

이 책과 관련된 실습 소스 및 프로젝트 파일은 앤써북 카페(http://answerbook.co.kr)의 [도서별 독자 지원 센터]–[아두이노와 앱인벤터 입문+실전(종합편)] 게시판을 클릭합니다. 3352번 〈〈아두이노와 앱인벤터 입문+실전(종합편)_책 소스 프로젝트 파일 다운로드 받기〉〉 게시글을 클릭한 후 안내에 따라 다운로드 받으시면 됩니다.

독자 문의

책을 보면서 궁금한 내용은 앤써북 카페(http://answerbook.co.kr)의 [도서별 독자 지원 센터]-[아두이노와 앱인벤터 입문+실전(종합편)] 게시판을 클릭합니다.

우측 아래의 [글쓰기] 버튼을 클릭한 후 제목에 다음과 같이 "[문의] 페이지 수, 질문 제목"을 입력하고 궁금한 사항은 아래에 작성 후 [등록] 버튼을 클릭하여 등록합니다.

등록된 질의글은 저자님께서 최대한 빠른 시간에 답변드릴 수 있도록 안내합니다.

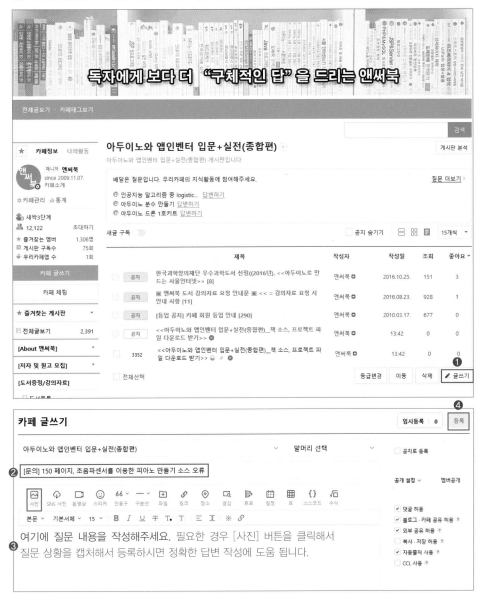

Hands-on supplies

이 책의 실습 준비물

이 책에서 사용하는 전체 부품은 《《아두이노와 앱인벤터 입문+실전(종합편) 키트》》에 모두 포함되어 있습니다. 단, 아두이노 우노 R3 보드는 옵션이며, 선택 구매할 수 있습니다.

→2WD 자동차 부품은 281쪽을 참조한다.

❶	아두이노 UNO R3(선택구매)	❷	다운로드 케이블	❸	브레드보트 830핀	❹	20CM(M—M)
❺	20CM(M—F)	❻	5×LED 빨간색	❼	5×LED 파란색	❽	5×LED 초록색
❾	5×LED 노란색	❿	RGB LED 모듈	⓫	20×저항 220Ω	⓬	10×저항 10KΩ
⓭	드라이버(소)	⓮	1602 i2c lcd	⓯	1×피에조 부저 모듈	⓰	1×서보 모터 SG90
⓱	1×7 세그먼트	⓲	1×CDS 빛 센서	⓳	1×가변 저항 10KΩ	⓴	5×푸시버튼
㉑	1×초음파 센서	㉒	1×L293D 모터쉴드	㉓	HC—06	㉔	ESP—01
㉕	2×470UF	㉖	10CM(F—F)	㉗	2WD 자동차 set(세부 부품명은 생략한다.)		

[아두이노와 앱인벤터 입문+실전(종합편) 키트] 구매방법은 17~18쪽을 참조합니다.

Contents

목차

Contents

목차

아두이노와 앱인벤터
블루투스 심화 프로젝트

Chapter
05

Contents

목차

Chapter 06
아두이노와 앱인벤터
WIFI 통신 스마트홈 프로젝트

Chapter 07
아두이노와 앱인벤터
인공지능 프로젝트

Arduino app Inventor

CHAPTER 01

아두이노와 앱인벤터 알아보기

아두이노가 무엇인지 알아보고 아두이노의 역사와 아두이노 보드 종류 및 책에서 사용하는 부품에 대해서 알아본다. 또한 앱인벤터가 무엇인지와 앱인벤터를 사용하기위한 준비사항 앱인벤터의 장단점에 대해서도 자세히 알아본다.

01 _ 1 아두이노란?

아두이노란 오픈소스를 기반으로 한 표준형태의
제어보드와 제어보드를 프로그램할수 있는 PC프
로그램을 말한다. 아두이노 2000년도 초반 이탈리
아의 IDII(Interaction Design Institutelvera)에
서 하드웨어에 익숙지 않은 학생들이 자신들의 디
자인 작품을 손쉽게 제어하기 위해 만들어졌다.

아두이노가 나오기 전에는 임베디드라고 하는 전
문가 영역이 있었다. 하드웨어를 다루기 위해 비표준 보드를 만들거나 구매해서 비싼 PC프로그램이
있어야 하고 하드웨어에 프로그램하기위해서 다운로더 등이 필요로 했다. 아두이노는 비표준 보드
를 아두이노보드로 표준화하였고 비싼 PC 프로그램을 오픈소스로 무료화 하였고 다운로더 방식도
USB만 연결하면 다운로드 되는 방식으로 변경하여 전문가만이 아니라 초보자도 손쉽게 다룰 수 있
게 하였다.

오픈소스, 오픈하드웨어, 표준화가 이뤄 지다보니 전세계적으로 많은 사람들이 열광하여 사용하였다.
많은 사람들이 사용하고 자신들이 사용한 코드 등을 인터넷에 올려놓아 누구나 손쉽게 다른사람이 만들
코드를 적용가능하다. 아두이노 이전에는 LCD를 다루기위해 LCD의 데이터시트를 분석하고 타이밍을
맞추어 핀을 제어하였다. 이런코드를 직접 만들어 사용하였다. 하지만 아두이노가 나온 이후에는 누군
가 만들어놓은 LCD 라이브러리를 다운받아 아두이노 IDE에 설치하여 사용만 하면 된다. LCD를 어떻
게 구동하는지는 알지 못하더라도 LCD를 예제코드를 받아 전문가처럼 사용이 가능하다.

위 사진은 아두이노 우노 R3이다. 우노는 '첫 번째'라는 뜻으로 아두이노 나온 첫 번째 보드이다. 그
리고 가장 많이 사용하는 보드이다. 우노는 AVR계열의 8Bit CPU로 구성되어있다. 사이즈는 어른
손바닥만한 사이즈이다. USB만 연결하여 구동이 가능하다.

아두이노 보드의 종류

아두이노는 하드웨어 구조가 모두 개방된 오픈소스 플랫폼이기 때문에 다양한 종류의 공식 보드들
이 있고, 그 공식 보드들과 호환되는 수많은 보드들이 있다.
아두이노는 입력(센서), 출력(제어)을 할 수 있는 마이컴을 갖춘 소형 컴퓨터이다.

※ 마이컴이란 micro—computer의 약자로 센서 입력이나 모터 제어 등의 하드웨어 제어용으로 사용하는 소형 컴퓨터를 말한다.

대표적인 공식 아두이노 보드에 대해 살펴보자.

❶ 아두이노 우노(Arduino Uno)

- 가장 많이 사용되는 기본적인 아두이노 보드이며, 이 책에서 사용하는 아두이노 보드이다.
- 8 비트 atmega328p 마이컴을 사용한다.
- 보드의 핀 배열이 표준과 같이 사용된다.

❷ 아두이노 나노(Arduino Nano)

- 아두이노 우노 보드와 거의 동일한 구성이고, 우노 보드보다 크기가 훨씬 작다.
- 8 비트 atmega328 마이컴을 사용한다.
- USB 2.0 미니 B 타입의 케이블을 사용한다.

❸ 아두이노 레오나르도(Arduino Leonardo)

- USB 기능이 내장된 8 비트 atmega32u4 마이컴을 사용한다.
- 2 개의 하드웨어 시리얼 포트를 사용할 수 있다.

❹ 아두이노 메가(Arduino Mega)

- 8 비트 atmega2560 마이컴을 사용한다.
- 우노 보드보다 기능과 핀수가 많다.
- 아두이노 우노보다 더 많은 입출력 포트와 더 많은 코드를 저장할 수 있다.
- 동작속도는 아두이노 우노와 동일하다.

❺ 아두이노 두에(Arduino Due)

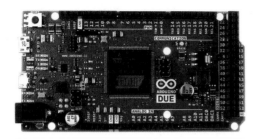

- 32 비트 Cortex-M3 마이컴을 사용한다.
- 기능과 성능이 높고 핀 수가 매우 많아서 전문적인 제품 개발과 연구 목적으로 사용할 수 있다.

이처럼 아두이노 우노 보드를 시작으로 다양한 보드가 출시되었다. 보드를 선택하는 기준으로는 크기, 가격, 속도, 입출력 포트 수 등으로 정할 수 있다.

아두이노를 작동시키기 위한 준비물

아두이노를 작동시키기 위해서는 아두이노 보드, 아두이노 소프트웨어, 브레드보드와 점프선 및 기타 부품 등이 준비되어 있어야 합니다. 각각의 준비물의 특징에 대해서 알아봅니다.

❶ 아두이노 우노(Arduino Uno)

가장 많이 사용되는 기본적인 아두이노 보드이며, 이 책에서 사용하는 아두이노 보드이다.

❷ 아두이노 소프트웨어

아두이노 소프트웨어는 아두이노 공식 웹사이트에서 다운로드 받을 수 있습니다. 다음은 아두이노 공식 웹사이트의 주소입니다.

- https://www.arduino.cc/en/Main/Software

지원되는 OS는 Windows, Mac OS X, Linux이며 자신의 시스템에서 사용하는 OS에 맞는 소프트웨어를 다운로드받으면 됩니다.

아두이노 소프트웨어는 아두이노 스케치에서 소스를 작성하고 컴파일한 후 아두이노 보드 상에 업로드할 수 있고 보드를 통해서 결과를 확인할 수 있습니다.

다음은 설치를 마친 아두이노 소프트웨어 실행 창입니다.

아두이노 소프트웨어 설치는 상세 설명은 다음 쳅터를 참고한다.

❸ USB 케이블

아두이노 우노 보드를 PC에 연결하기 위해서는 다음과 같은 USB 케이블이 필요하다.

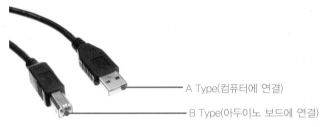

A Type(컴퓨터에 연결)

B Type(아두이노 보드에 연결)

이 케이블은 USB 2.0 A Male B Male 케이블입니다. 아두이노 보드는 USB 케이블을 이용해서 컴퓨터와 통신 및 전원을 공급 받습니다.

❹ 브레드보드와 점프선 및 기타 부품

아두이노 보드와 외부 부품을 조합하기 위해서는 브레드 보드(breadboard)와 점프선(jump wire)이 필요하다.

※ 점프선은 끝 부분이 암컷 또는 수컷으로 구분됩니다. 수컷은 뽀족한 모양의 핀이고 암컷은 구멍 모양입니다. 점퍼선은 양쪽 끝이 수컷인 수수 점퍼선과 수컷과 암컷으로 구분된 암수 점퍼선으로 구분됩니다. 아두이노의 소켓에 점프선의 수컷 부분을 꼽을 수 있습니다.

암컷 — 수컷

소켓

아두이노 보드 살펴보기

아두이노 보드는 기본적으로 13개의 디지털 입출력 핀, 6개의 아날로그 입력 핀, 전원(5V, GND), 상태 표시 LED(L, TX, RX), 리셋 버튼으로 구성됩니다. 전원 공급은 USB 포트 또는 DC 전원으로 할 수 있습니다.

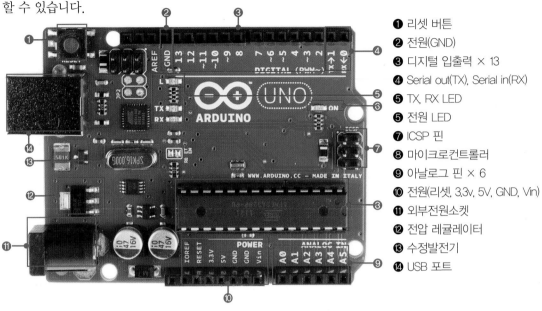

❶ 리셋 버튼
❷ 전원(GND)
❸ 디지털 입출력 × 13
❹ Serial out(TX), Serial in(RX)
❺ TX, RX LED
❻ 전원 LED
❼ ICSP 핀
❽ 마이크로컨트롤러
❾ 아날로그 핀 × 6
❿ 전원(리셋, 3.3v, 5V, GND, Vin)
⓫ 외부전원소켓
⓬ 전압 레귤레이터
⓭ 수정발전기
⓮ USB 포트

디지털 입출력 핀들은 부로 0V, 5V 값을 내보내거나 외부에서 0V, 5V 값을 받는 역할을 합니다. 외부로 0V, 5V를 내보낼 경우엔 LED 등을 연결해 켜거나 끄는 동작을 수행하며, 외부로부터 0V, 5V 값을 받을 경우엔 버튼 등을 연결하여 버튼을 누르거나 떼는 동작을 판별하게 됩니다. 아날로그 입력 핀은 외부로부터 아날로그 입력 값을 읽는 핀으로 주로 센서와 연결하여 사용됩니다. 아날로그 입력 값은 0~5V 사이의 전압 값을 256 단계로 구분하여 읽게 됩니다.

※ GND와 5V : 그라운드라는 표시로 전압이 0V인 곳을 의미합니다. 건전지에 비유하면 음(−)이고, 전기가 빠져 나가는 곳이다. 아두이노는 5V 전압을 사용하는데 건전지에 비유하면 플러스(+)이다.

> **TIP**　아두이노와 PC 송수신
>
> 아두이노와 PC는 다음 그림과 같이 송신(TX)과 수신(RX)선이 교차 연결되어 작동한다. 선 연결 시 다른 곳에 연결되면 작동되지 않기 때문에 주의해서 연결해 주어야 한다.

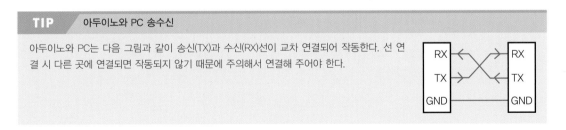

부품 소개

이 책의 실습 시 사용할 전체 부품에 대해 알아보자. 이 책에서 사용하는 전체 부품은 〈〈아두이노와 앱인벤터 입문+실전(종합편 키트)〉〉에 모두 포함되어 있다. 단, 아두이노 우노 R3 보드는 옵션이며, 선택 구매할 수 있다. 아두이노 UNO 보드등을 가지고 있다면 필요한 부품만을 개별적으로 구매하셔도 됩니다.

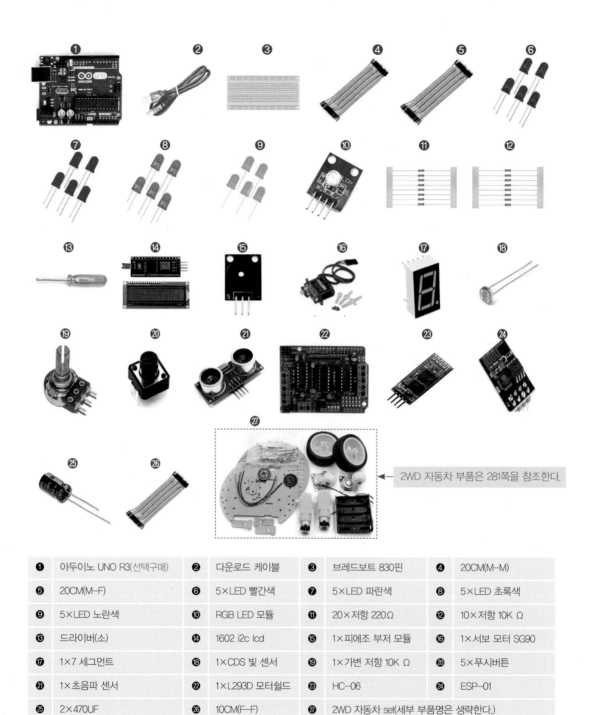

2WD 자동차 부품은 281쪽을 참조한다.

❶	아두이노 UNO R3(선택구매)	❷	다운로드 케이블	❸	브레드보트 830핀	❹	20CM(M-M)
❺	20CM(M-F)	❻	5×LED 빨간색	❼	5×LED 파란색	❽	5×LED 초록색
❾	5×LED 노란색	❿	RGB LED 모듈	⓫	20×저항 220Ω	⓬	10×저항 10KΩ
⓭	드라이버(소)	⓮	1602 i2c lcd	⓯	1×피에조 부저 모듈	⓰	1×서보 모터 SG90
⓱	1×7 세그먼트	⓲	1×CDS 빛 센서	⓳	1×가변 저항 10KΩ	⓴	5×푸시버튼
㉑	1×초음파 센서	㉒	1×L293D 모터쉴드	㉓	HC-06	㉔	ESP-01
㉕	2×470UF	㉖	10CM(F-F)	㉗	2WD 자동차 set(세부 부품명은 생략한다.)		

▷ **아두이노와 앱인벤터 입문+실전(종합편) 키트 :** [아두이노와 앱인벤터 입문+실전(종합편) 키트]에는 도서에서 설명하는 구성품을 모두 담고 있습니다. 단, ❶번 부품은 선택 구매입니다.

▷ **키트 구매처**
   • 다두이노 : http://daduino.co.kr
   • 키트명 : [아두이노와 앱인벤터 입문+실전(종합편) 키트]
   • 가격 : ₩49,000원 (특별가)

▲ 아두이노와 앱인벤터 입문
   +실전(종합편) 키트

01 _ 2 앱인벤터란?

앱인벤터(App Inventor)는 MIT 대학교와 구글에서 개발한 스마트폰의 앱을 만들 수 있도록 해 주는 프로그램이다. 안드로이드 어플을 블록 기반으로 손쉽게 개발하는 툴로 복잡한 프로그램 언어가 아닌 블록을 마우스로 끌어다 프로그램하기 때문에 누구나 쉽게 앱 개발이 가능하다. 웹 환경으로 개발이 이루어져 PC상에서 특별한 프로그램을 설치하지 않아도 개발이 가능하다.

앱인벤터는 크롬 브라우저에서 앱인벤터 사이트에 접속하면 바로 코딩할 수 있다.

• http://appinventor.mit.edu/

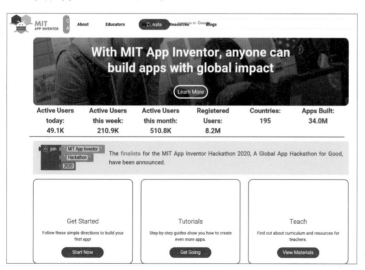

앱인벤터 사용을 위한 준비사항

앱인벤터를 이용하여 앱을 만들기 위해서는 다음 항목의 준비가 필요하다.

- 크롬(Chrome) 브라우저 설치 : 앱인벤터는 크롬 브라우저에서 실행해야 되기 때문에 크롬 브라우저를 다운로드 받아 설치해야 한다.
- 구글(Google) 계정 준비 : 크롬 브라우저에서 구글 웹 사이트에서 구글 계정으로 로그인한 후 앱인벤터를 사용한다. 구글 계정은 구글 사이트(https://www.google.co.kr)에서 다운로드 받을 수 있다.

앱인벤터로 만든 앱을 테스하기 위해서는 다음 항목의 준비가 필요하다.

- 안드로이드 스마트폰 : 앱인벤터는 안드로이드 플랫폼 앱을 개발하기 위한 프로그램이기 때문에 앱을 만든 후 실행하기 위해서는 안드로이드용 스마트폰이나 태블릿 등이 필요하다.
- MIT AI2 Companion 설치 : 앱인벤터에서 만드는 앱을 테스트해보거나 실시간으로 미리보기하기 위해서는 여러 가지 방법이 있지만 'MIT AI2 Companion'을 추천한다. 'MIT AI2 Companion'는 다운로드 받아 설치하면 된다.
- QR 코드 리더 앱 설치 : 앱인벤터로 만든 앱을 스마트폰에 설치하기 위해서는 QR 코드 리더리가 필요하다. 구글 Play 스토어에서 'QR코드리더기'라고 검색하면 다양한 앱을 찾아볼 수 있다.

앱인벤터의 장단점 살펴보기

앱인벤터의 장단점에 대해서 간략히 소개한다.

장점	단점
• 프로그램언어를 배우지 않아도 마우스를 끌어다 조립하듯 끼워 넣는 블록 프로그램으로 쉽게 개발이 가능하다. • 웹상에서 개발하여 따로 프로그램 설치가 필요없다. • 무료이다.	• 이미 개발된 블록들만 사용하기 때문에 프로그램의 한계가 있다. • 아이폰 어플은 지원하지 않는다.

앱인벤터는 이러한 장단점이 있지만 손쉽게 앱을 만들 수 있다는 큰 장점이 있어 널리 사용되어지고 있다. 다음은 앱인벤터의 블록으로 이루어진 코드 그림이다. C언어, 파이썬처럼 텍스트 코드가 아니라 블록으로 이루어진 코드이기 프로그래밍이 아주 쉽다.

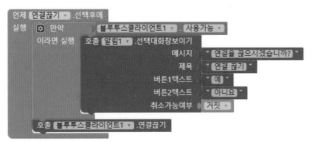

▲ 블록 코딩

다음은 앱인벤터에서 화면을 구성하는 디자인 모드 그림이다.

▲ 화면구성(디자인)

상단 앱인벤터는 화면구성, 블록코딩이라는 단순한 2단계만으로도 앱을 만들 수 있다. 만든 앱은 [블루투스연결]을 누르면 내 핸드폰과 연결 가능한 블루투스 목록이 나타나고 그 중에서 아두이노에 연결된 내 블루투스를 찾아 선택하고 사진 등 데이터를 전송하면 아두이노 시리얼모니터에 메시지가 뜨게 되고 하드웨어를 동작시킬 수 있게 된다.

이와 같이 Chapter 04~Chapter 08까지 블루투스와 WIFI를 통해 아두이노와 앱인벤터로 만든 앱을 연동시켜 다양한 프로젝트를 만들어본다.

Arduino app Inventor

CHAPTER 02

아두이노 개발 환경 구축과 기본 익히기

아두이노의 개발환경을 PC에 설치하고 아두이노를 이용한 복잡하지 않은 회로 및 프로그램을 만들어본다. LED를 제어하는 프로그램과, 블루투스를 이용하여 LED를 제어하는 프로그램을 구성하고 만들어본다.

02 _ 1 아두이노 소프트웨어 설치하기

아두이노 스케치를 구현하고, 컴파일하고, 업로드하기 위한 통합 개발 환경(IDE : Intergrated develepoment environment)을 구성하기 위해 아두이노 소프트웨어를 설치한다.

아두이노 개발은 우선 소프트웨어를 설치하고, 아두이노 보드를 컴퓨터에 연결하고, 보드와 포트를 선택하고, 스케치로 아두이노 프로그램을 작성하고, 작성한 스케치를 보드에 업로드하여 결과를 확인하는 순서로 진행된다.

01 아두이노 소프트웨어를 설치하기 위해 아두이노 사이트(www.arduino.cc)에 접속한다.

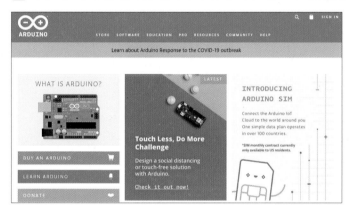

02 아두이노 홈페이지에서 [SOFTWARE]-[DOWNLOADS] 메뉴를 클릭하여 DOWNLOAD 페이지에 접속한다.

03 마우스로 드래그하여 화면을 조금 아래로 내려 [Windows installer, for Windows 7 and up]을 클릭한다.

※ 2020년 7월 기준 ARDUINO 1.8.13이 사용되며, 버전은 다운로드 시점에 따라 변경될 수 있다.

04 [JUST DOWNLOAD] 버튼을 클릭하여 설치 파일을 다운로드 받는다.

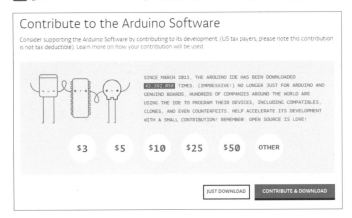

05 다운로드가 완료되면 [실행] 버튼을 클릭해서 아두이노 설치 프로그램을 실행시킨다.

06 다음과 같은 '아두이노 설치: 라이센스' 동의 창이 나타나면 [I Agree] 버튼을 클릭하여 설치를 진행한다.

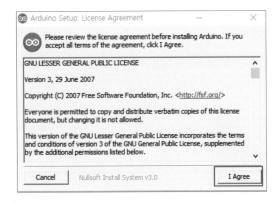

07 '아두이노 설치 : 설치 옵션' 창이 나타난다. Install USB driver의 체크 박스는 꼭 체크한 후 [Next〉] 버튼을 누른다. Install USB driver의 체크 박스는 기본적으로 체크되어 있다.

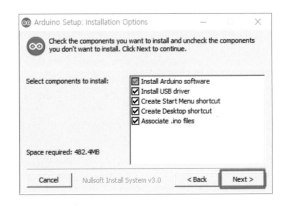

08 아두이노 프로그램을 설치할 경로를 설정한다. 여기서는 기본 경로에 설치해보겠다. 기본 경로 상태에서 [Install] 버튼을 누른다.

09 다음과 같이 설치가 진행된다.

TIP   장치 소프트웨어 설치 메시지

설치 중간에 위와 같이 장치 소프트웨어 설치 메시지가 뜰 수 있다. USB 드라이버를 설치하는 메시지로 [설치] 버튼을 눌러 진행한다. 설치 안 함을 눌렀을 경우 아두이노를 다시 설치하여 진행하는 걸 추천한다. 아두이노 보드의 드라이버가 설치되지 않아 인식하지 않는다. 자신의 컴퓨터의 USB 수만큼 팝업창이 뜨므로 모두 [설치] 버튼을 눌러 설치한다.

10 바탕화면에 아두이노 실행 아이콘이 생성되었다. 아이콘을 더블클릭하여 아두이노 IDE를 실행해보자.

11 코딩을 할 수 있는 편집기인 스케치 화면이 열린다. 아두이노 프로그램 작성을 위한 코딩은 에디터 창에서 직접 작성하여 진행한다.

02 _ 2 아두이노 소프트웨어(IDE) 화면 구성 살펴보기

아두이노 프로그래밍 화면은 다음과 같이 구성되어 있다. 우리가 어떤 사물인터넷을 만들어 아두이노에게 작동시키게 하려면 특수한 언어로 명령을 입력해야 한다. 이런 명령을 입력하는 과정을 프로그래밍이라고 하고, 프로그래밍할 때 사용하는 언어를 프로그래밍 언어라고 한다.

※ 스케치(Sketche)는 아두이노에서 프로그램을 만들 때 사용하는 텍스트 기반 프로그래밍 언어이다. 앱인벤터는 블록을 조합해 앱을 만들 수 있는 블록 기반 프로그래밍 언어이다.

❶ 툴바 : 업로드 및 컴파일, 파일 저장 등 자주 사용하는 기능들을 모아두었다.

- 컴파일 : 소스 코드가 제대로 만들었는지 확인할 수 있다. 만약 잘못 작성했다면 컴파일 오류가 발생하고, 정상적으로 작성했다면 컴파일 완료 메시지가 나타난다.
- 업로드 : 컴파일(확인) 버튼을 클릭했을 때 컴파일 완료 메시지가 나타난 걸 확인했다면 업로드 버튼을 클릭하여 아두이노 보드에 업로드할 수 있다.
- 새파일 : 새 스케치 문서 탭이 만들어진다.
- 열기 : 기존에 작성된 스케치 문서를 불러올 수 있다.
- 저장 : 현재 작업중인 스케치 문서를 저장한다.
- 시리얼 모니터 : 아두이노 PC간 서로 통신을 할 때 여기를 통해 데이터 및 명령어 등을 주고 받을 수 있다.

❷ 탭 목록 : 여러 개의 파일 탭을 열어서 작업이 가능하다.
❸ 에디터 창 : 프로그램 코드를 작성하는 부분이다.
❹ 콘솔 창 : 에러 및 결과가 표시되는 부분이다.

▲ 컴파일이 정상적으로 완료되었을 때 메시지

▲ 업로드에 문제가 발생했을 때 메시지

02 _ 3 아두이노 보드와 컴퓨터 연결하고 보드와 시리얼 포트 선택하기

이제 아두이노 보드를 컴퓨터를 연결한다. 아두이노와 컴퓨터는 USB 케이블을 이용하여 연결한다. 다음과 같은 모양의 USB 케이블을 준비한다. 이 케이블을 이용하여 아두이노 보드와 컴퓨터를 연결한다.

컴퓨터에 연결   아두이노에 연결

▲ 아두이노 USB 포트

01 USB 케이블을 이용하여 PC와 연결한다.

02 바탕화면에서 아두이노 프로그램 실행 아이콘(🔵)을 더블클릭하여 IDE를 실행시킨다.

03 아두이노 프로그램이 실행되면 화면 상단의 툴바에서 [툴]-[보드:"Arduino Uno"]-[Arduino Uno] 메뉴를 선택한다. [Arduino Uno] 보드는 가장 많이 사용하는 보드로서 기본적으로 선택되어 있지만 다른 보드가 선택되어져 있다면 [Arduino Uno] 보드로 선택한다.

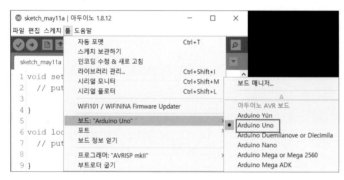

04 [툴]-[포트]-[COMXX(Arduino Uno)] 아두이노 우노가 연결된 포트를 클릭한다. COMXX에서 XX는 포트 번호로 컴퓨터마다 다를 수 있다. 아두이노 우노가 처음 연결된 컴퓨터라면 3~10번 내외로 포트가 연결되는 경우가 많다.

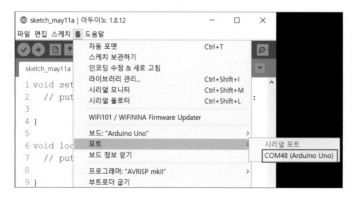

05 [툴]−[보드]와 [포트] 메뉴에서 보드와 포트가 제대로 선택되었는지 확인한다.

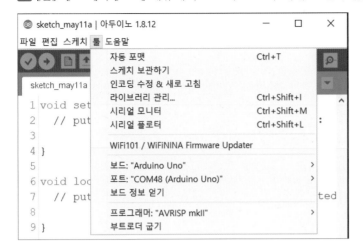

06 업로드 버튼()를 클릭한다. 잠시 후 다음과 같이 '업로드 완료'가 되었다는 메시지를 확인한다. 업로드가 완료되었다면 정상적으로 PC의 아두이노 프로그램과 아두이노 보드가 잘 연결되었음을 알 수 있다.

※ 포트를 통해서 아두이노 스케치 프로그램을 업로드하고, 시리얼 모니터를 통한 디버깅 메시지를 확인한다.

PC에 아두이노 IDE 개발환경을 설치해보고 프로그램을 업로드 하면서 아두이노의 개발환경 구축을 마쳤다. 다음 단원에서는 아두이노를 이용하여 LED를 제어해보도록 한다.

02 _ 4 아두이노로 LED 제어하기

학습목표
아두이노를 이용하여 LED를 제어해본다.
LED를 제어해 보면서 아두이노의 프로그램 구조를 익히고 디지털 출력에 대해 알아본다.

• 준비물

부품명	수량
LED 빨강색	1개
220옴 저항(빨빨검검갈)	1개
수수 점퍼 케이블	2개

• 회로 구성

다음과 같이 회로를 구성한다. 다음은 프리징으로 회로를 구성한 그림이다.

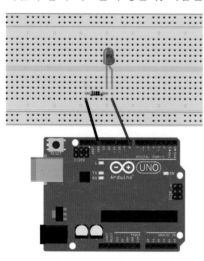

※ 프리징(Fritzing)은 아두이노 회로를 설계할 수 있는 프로그램이다. 프리징은 회로 설계는 물론 브레드보드 결선 상태 확인, 아두이노 코딩과 업로드, PCB 설계 등도 가능한 시뮬레이터이다. 프리징 사이트(https://fritzing.org/)에서 다운로드 받을 수 있다.

※ 회로도의 부품 배치는 다음 그림 파일을 확대하면 확인할 수 있다.
• 그림 파일 : 회로도-1.bmp

▲ 프리징으로 구성한 회로

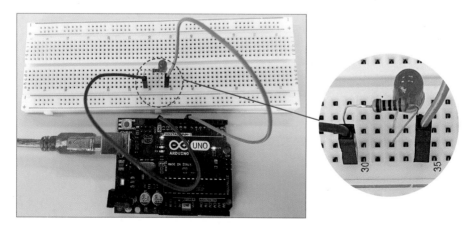

▲ 실제로 구성한 회로

아두이노의 8번 핀에 빨강색 LED의 긴 다리와 연결한다. 220옴 저항은 LED의 짧은 다리를 통해 아두이노의 GND와 연결된다. 220옴 저항의 역할은 LED의 전류를 제한하는 보호용 저항으로써 LED가 터지는 것을 방지한다.

아두이노 코드 작성과 동작 결과 확인하기

01 아두이노 코드는 다음과 같다.

```
_2_2.ino
1      void setup() {
2        pinMode(8, OUTPUT);
3      }
4      void loop() {
5        digitalWrite(8, HIGH);
6        delay(1000);
7        digitalWrite(8, LOW);
8        delay(1000);
9      }
```

1~3 : setup 함수를 실행한다. setup 함수는 단 한번만 실행한다. setup 함수안의 2줄은 아두이노의 전원이 켜졌을 때 단 한번만 실행된다.

4~9 : loop 함수를 실행한다. loop 함수는 무한히 반복한다. loop 함수의 5~8줄은 5-6-7-8-5-6-7-8-.... 무한히 반복한다.

2 : 8번 핀을 출력으로 설정한다.

5 : 8번 핀의 상태를 HIGH로 한다.

6 : 1000ms 즉, 1초 동안 기다린다.

7 : 8번 핀의 상태를 LOW로 한다.

아두이노 프로그램은 처음 시작 시 setup 함수에서 8번 핀을 출력으로 설정하고 loop 함수에서는 8번 핀에 연결된 LED를 켜고 1초 기다리고 8번 핀에 연결된 LED를 끄고 1초기다리고 다시 처음으로 돌아가 8번 핀에 연결된 LED를 켜고 1초 동안 기다리고 8번 핀에 연결된 LED를 끄고 1초 기다리기를 무한히 반복한다.

02 바탕화면에서 아두이노 프로그램 실행 아이콘()을 더블클릭하여 스케치 프로그램을 실행시킨다. 코드는 스케치 프로그램의 에디터 창에서 직접 작성한다.

03 코드 작성을 완료하면 업로드 버튼(●)을 눌러 아두이노 보드에 작성한 코드를 업로드한다. 아두이노는 마지막에 업로드한 프로그램 단 하나만 동작한다. 기존에 다른 프로그램이 업로드되어 있어도 마지막에 업로드한 프로그램으로 저장된다. PC처럼 동시에 여러 개의 프로그램이 동작되지 않는다.

04 업로드 후 LED가 1초마다 깜빡이는지 확인한다.

02 _ 5 아두이노 시리얼 통신하기

시리얼 통신으로 데이터 주고받기

학습목표 시리얼(Serial)은 아두이노와 주변 장치의 시리얼 통신을 할 수 있게 하는 클래스이다. 시리얼 통신은 아두이노에서 많이 사용되는 통신 방식으로 PC와 통신할 때 사용된다. 우리가 프로그램을 업로드 할 때도 시리얼 통신을 사용하여 프로그램을 업로드 한다. 앞으로 계속 진행할 블루투스 통신 모듈도 시리얼 통신으로 데이터를 주고받는다. 그러므로 시리얼 통신으로 어떻게 데이터를 주고받는지 알아보도록 한다.

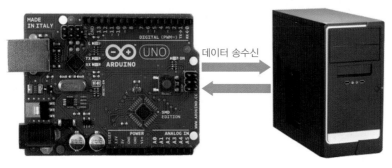

데이터 송수신

▲ 아두이노와 USB 연결 및 시리얼 통신

아두이노 코드 작성과 동작 결과 확인하기
아두이노에서 PC로 시리얼 통신 데이터 보내는 아두이노 프로그램을 작성한다.

01 아두이노 코드는 다음과 같다.

```
_2_3.ino
1     void setup() {
2       Serial.begin(9600); // 시리얼 포트 초기화
3     }
4
5     void loop() {
6       Serial.println("hello"); // 문자열 출력
7       delay(1000);
8     }
```

2 : 시리얼 통신의 통신 속도를 9600bps로 설정한다. 초당 bps는 bit per second의 약자로 초당 보내는 비트의 숫자이다.
  9600/9 = 약1067개의 문자를 전송할 수 있다. 영어문자를 표시하는 방식은 1byte = 8bit이다 9bit를 하나의 문자로 보
  는 이유는 마지막에 1bit는 STOP bit로 문자 마지막에 붙여 전송한다. 8bit + 1bit로 1개의 문자를 보내기 위해서 총 9bit
  를 필요로 한다.

6 : 'hello'를 전송한다. println ln은 라인의 약자로 hello와 함께 줄바꿈도 같이 보낸다.

7 : 1초 기다린다.

02 업로드 버튼(⬤)을 눌러 업로드를 완료하고 시리얼 모니터 버튼(🔍)을 눌러 시리얼 모니터 창을
띄운다.

03 1초마다 한번씩 hello의 문자가 출력됨을 확인할 수 있다.

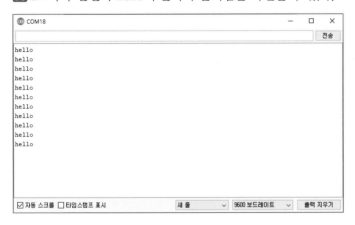

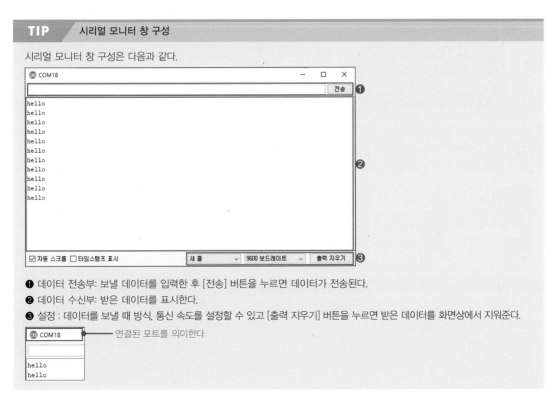

TIP 시리얼 모니터 창 구성

시리얼 모니터 창 구성은 다음과 같다.

❶ 데이터 전송부 : 보낼 데이터를 입력한 후 [전송] 버튼을 누르면 데이터가 전송된다.

❷ 데이터 수신부 : 받은 데이터를 표시한다.

❸ 설정 : 데이터를 보낼 때 방식, 통신 속도를 설정할 수 있고 [출력 지우기] 버튼을 누르면 받은 데이터를 화면상에서 지워준다.

전송 데이터에 따라 LED 켜고 끄기

준비물

부품명	수량
LED 빨강색	1개
220옴 저항(빨빨검검갈)	1개
수수 점퍼 케이블	2개

아두이노 회로 구성

다음과 같이 회로를 구성한다. 다음은 프리징과 실제로 구성한 회로 그림이다.

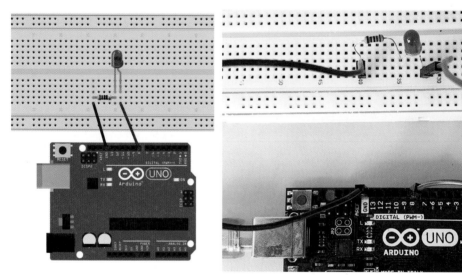

▲ 프리징으로 구성한 회로　　　　　　▲ 실제로 구성한 회로

빨간색 LED의 긴다리는 아두이노의 8번핀과 연결하고, 220옴저항(빨빨검검갈)은 아두이노의 GND 핀과 연결한다.

아두이노 코드 작성과 동작 결과 확인하기

01 다음과 같이 코드를 작성한다.

```
_2_3.ino
01    void setup() {
02      Serial.begin(9600);
03      pinMode(8, OUTPUT);
04    }
05
06    void loop() {
```

```
07        if (Serial.available() >0)
08        {
09              char sData = Serial.read();
10              if (sData == 'a')
11              {
12               digitalWrite(8, HIGH);
13              }
14              else if (sData == 'b')
15              {
16               digitalWrite(8, LOW);
17              }
18        }
19    }
```

02　　: 통신 속도 9600으로 시리얼 통신을 초기화 한다.

03　　: 8번 핀을 출력핀으로 사용한다.

07~18 : 시리얼로 받은 데이터가 있다면 조건에 만족한다. Serial.available() 함수는 받은 데이터의 개수를 리턴한다. 즉 0보다 크다면 받은데이터가 있다

09　　: 시리얼데이터를 읽어 sData 변수에 넣는다

10~13 : sData의 값이 문자 'a' 라면 조건에 만족하면 8번 핀의 출력을 HIGH로 설정한다. 즉 LED를 켠다.

14~17 : sData의 값이 문자 'b' 라면 조건에 만족하면 8번 핀의 출력을 LOW로 설정한다. 즉 LED를 끈다.

02 업로드 버튼(⦿)을 눌러 업로드를 완료하고 시리얼 모니터 버튼(🔍)을 눌러 시리얼 모니터 창을 띄운다.

03 a를 입력하고 [전송] 버튼을 클릭하여 a를 전송하여서 LED가 켜지는지 확인한다.

04 b를 전송하여서 LED가 꺼지는지 확인한다.

이번 단원에서는 아두이노에서 PC로 시리얼 통신으로 데이터를 보내는 법을 실습해보고, PC에서 아두이노로 시리얼 통신으로 통해 데이터를 보내서 LED를 켜고 끄는 실습을 하였다. 다음 단원에서는 블루투스 통신을 이용하여 어떻게 통신을 하는지 알아보자.

02 _ 6 아두이노 블루투스 통신하기

학습목표 블루투스 통신 모듈을 사용하여 아두이노와 스마트폰 간에 직접 통신을 해보도록 한다. 아두이노와 블루투스 통신 모듈은 시리얼 통신을 사용하여 연결하고, 스마트폰의 어플은 앱인벤터로 만든 시리얼 통신 프로그램을 사용한다.
❶ 아두이노 회로 연결 ❷ 아두이노 프로그램 작성 ❸ 스마트폰 앱 설치 ❹ 스마트폰 블루투스 연결 ❺ 스마트폰으로 통신
순으로 진행한다.

준비물

부품명	수량
HC-06 블루투스 통신 모듈	1개
수수 점퍼 케이블	6개

아두이노 회로 구성
다음은 프리징과 실제로 구성한 회로 그림이다.

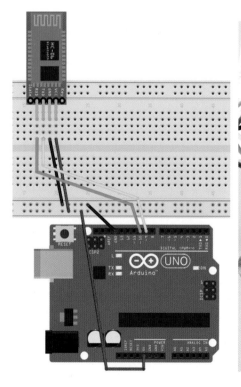

블루투스 통신 모듈의 VCC는 5V와 연결, GND는 GND와 연결, TX핀은 아두이노의 9번 핀에 연결, RX핀은 아두이노의 10번 핀에 연결한다.

아두이노 코드 작성과 동작 결과 확인하기

01 다음과 같이 코드를 작성한다.

```
_2_4.ino
01      #include <SoftwareSerial.h>
02
03      SoftwareSerial btSerial = SoftwareSerial(9, 10);
04
05      void setup()
06      {
07       Serial.begin(9600);
08       btSerial.begin(9600);
09      }
10
11      void loop()
12      {
13       if (btSerial.available() >0)
14       {
15              Serial.write(btSerial.read());
16       }
17       if (Serial.available() >0)
18       {
19              btSerial.write(Serial.read());
20       }
21      }
```

01 : 소프트웨어 시리얼 라이브러리를 추가한다. 블루투스 통신 모듈과는 소프트웨어 시리얼로 연결한다. 아두이노에서는 0,1번 핀은 하드웨어 시리얼로 0,1번 핀을 사용하여도 되나 0,1번 핀의 하드웨어 시리얼을 사용하면 업로드 시 충돌이 생겨 업로드가 되지 않는다. 0,1번 핀을 사용 시에는 업로드 시에는 핀을 뽑고 업로드 후 다시 연결해야 하는 불편함이 있어 소프트웨어 시리얼로 사용한다.

03 : 소프트웨어 시리얼 클래스를 생성한다. 블루투스 통신 모듈의 TX는 9번 핀에, RX는 10번 핀에 연결하였다.

07 : 시리얼 통신 속도를 9600으로 초기화한다. Serial에서 사용하는 핀은 0,1번 핀이다.

08 : btSerial 통신 속도를 9600으로 초기화한다. btSerial의 이름으로 클래스를 생성하였다. btSerial은 소프트웨어 시리얼 통신포트이다. btSerial은 bluetoothSerial의 약자를 따서 만들었다. btSerial통신포트에는 HC-06 블루투스 통신 모듈이 연결되어있다.

13~16 : btSerial로(블루투스 통신으로) 받은 데이터가 있다면 Serial(하드웨어시리얼) 통신포트로 값을 보낸다.

17~19 : Serial(하드웨어시리얼) 받은 데이터가 있다면 btSerial로(블루투스 통신으로) 통신포트로 값을 보낸다.

이 프로그램의 기능은 블루투스로 받은 데이터를 PC로 보내고 PC로 받은 데이터를 블루투스로 보내는 역할을 한다. 데이터를 보내주는 역할만을 하는 프로그램이다.

02 업로드 버튼()을 눌러 업로드를 완료하고 시리얼 모니터 버튼(🔎)을 눌러 시리얼 모니터 창을 띄운다.

스마트폰 앱 설치하기

이제 스마트폰에 앱을 설치하여 아두이노와 통신을 하여보자.

01 구글 플레이스토어 앱에서 '다두이노시리얼'을 검색한 후 검색 결과 중 '다두이노시리얼'를 클릭한다.

02 '다두이노 시리얼' 어플의 [설치] 버튼을 클릭하여 설치한다. '다두이노 시리얼' 어플은 블루투스 통신으로 간단하게 통신을 하는 어플로 앱인벤터를 사용하여 만들었다.

03 '다두이노 시리얼' 어플 설치가 완료되면 'DADUSERIAL' 아이콘

이 생성된다.

스마트폰 블루투스

블루투스를 사용하는 어플로 안드로이드 스마트폰에서 블루투스를 연결하여야 한다.
안드로이드용 스마트폰에서 블루투스를 연결한다.

01 블루투스 아이콘(✶)을 길게 눌러 블루투스 설정으로 접속한다. 또는 [설정]-[연결]-[블루투스]로 들어간다. 이 책에서는 필자의 스마트폰인 안드로이드 버전10, 노트10 스마트폰 기준으로 작성하였다.

02 [찾기] 버튼을 눌러 연결 가능한 디바이스를 찾는다.

03 HC-06의 이름으로 검색되었다. HC-06 블루투스 통신 모듈의 초기화 이름으로 검색이 된다. 빨간색으로 가린 부분은 필자의 스마트폰에 등록된 디바이스이다. 여러 개의 디바이스가 등록되어 있다면 여기에 등록된다. 연결 가능한 디바이스 안에 HC-06을 클릭한다.

04 비밀번호 '1234'를 입력하고 [확인] 버튼을 누른다.

05 등록된 디바이스로 HC-06 블루투스 통신 모듈이 등록되었다. HC-06 블루투스 통신 모듈의 초기 이름으로 이름은 변경가능하다. 이름을 변경하는 방법도 다음 단원에서 다루도록 한다.

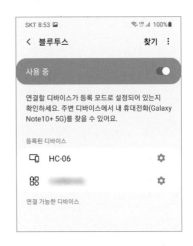

스마트폰으로 통신하기

01 설치한 '다두이노 시리얼' 앱을 실행시킨다. 앱의 초기 화면으로 블루투스로 받은 데이터는 데이터받기 아래에 표시되고 데이터 보내기에 보낼 데이터를 입력한 후 [보내기] 버튼을 클릭하면 데이터를 보낼 수 있다.

02 [연결하기] 버튼을 눌러 블루투스를 연결한다.

03 등록된 디바이스가 목록에 표시된다. HC-06을 눌러 블루투스 통신 모듈을 연결한다.

04 "연결 성공" 메시지가 나타나면 연결에 성공한 것이다. [계속 진행하기] 버튼을 눌러 진행한다.

05 아두이노 시리얼 모니터 창으로 돌아와 'i am arduino'를 입력한 후 [전송] 버튼을 누른다.

06 스마트폰 앱에 입력한 메시지가 제대로 전송되었는지 확인해 보자.

07 이제 스마트폰에서 아두이노로 데이터를 전송해보자. 스마트폰 앱에서 'i am smartphone'을 입력한 후 [보내기] 버튼을 눌러 값을 전송한다.

08 아두이노의 시리얼 모니터 창에서 입력한 값이 제대로 보이는지 확인한다.

아두이노와 스마트폰 간에 블루투스 통신을 이용하여 값을 주고받는 방법을 알아보았다.

블루투스 통신을 이용하여 LED 제어하기

블루투스 통신을 이용하여 LED를 제어하는 방법을 알아보도록 한다.

준비물

부품명	수량
HC-06 블루투스 통신 모듈	1개
LED 빨강색	1개
220옴 저항(빨빨검검갈)	1개
수수 점퍼 케이블	8개

아두이노 회로 구성

다음은 프리징과 실제로 구성한 회로 그림이다.

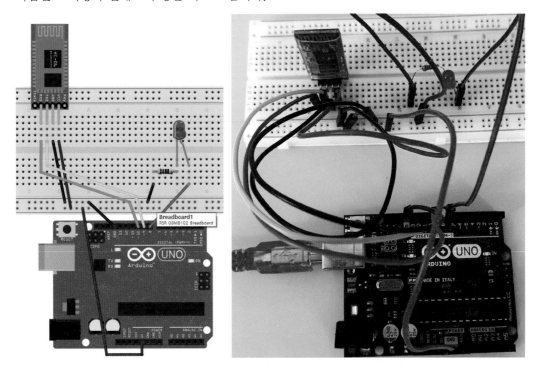

블루투스 통신 모듈의 VCC는 5V와 연결, GND는 GND와 연결, TX핀은 아두이노의 9번 핀에 연결, RX핀은 아두이노의 10번 핀에 연결한다. 빨강색 LED의 긴다리는 8번 핀에 연결한다.

아두이노 코드 작성과 동작 결과 확인하기

01 다음과 같이 코드를 작성한다.

```
_2_4.ino

01    #include <SoftwareSerial.h>
02
03    SoftwareSerial btSerial = SoftwareSerial(9, 10);
04
05    void setup()
06    {
07     btSerial.begin(9600);
08     pinMode(8, OUTPUT);
09    }
10
11    void loop()
12    {
13     if (btSerial.available() >0 )
```

```
14         {
15               char sData = btSerial.read();
16               if (sData == 'a')
17               {
18                 btSerial.println("LED ON");
19                 digitalWrite(8, HIGH);
20               }
21               else if (sData == 'b')
22               {
23                 btSerial.println("LED OFF");
24                 digitalWrite(8, LOW);
25               }
26         }
27       }
```

07 : 소프트웨어 시리얼 통신 속도를 9600으로 초기화한다.

08 : 8번 핀에 연결된 포트를 출력핀으로 설정한다.

13 : 블루투스 시리얼포트로 받은값이 있다면

15 : 블루투스 시리얼포트의 값을 sData 변수에 대입한다.

16~20 : 블루투스 시리얼로 받은 값이 'a'라면

18 : 'LED ON'값을 블루투스 시리얼로 보낸다

19 : 8번 핀의 출력을 HIGH로 설정한다. 즉 LED를 켠다.

21~25 : 블루투스 시리얼로 받은 값이 'b'라면

23 : 'LED OFF'값을 블루투스 시리얼로 보낸다

24 : 8번 핀의 출력을 LOW로 설정한다. 즉 LED를 끈다.

이 프로그램은 블루투스 시리얼로 데이터를 받아 LED를 켜고 끄는 프로그램이다.

02 이제 동작을 확인하여 보자. 업로드 버튼(▶)을 눌러 업로드를 완료한다.

03 스마트폰 앱에서 'a'를 입력한 후 [보내기] 버튼을 눌러 'a'값을 전송한다.

04 아두이노의 8번 핀에 연결된 LED가 켜지는 지 확인한다.

05 스마트폰 앱에서 'b'를 입력한 후 [보내기] 버튼을 눌러 'b'값을 전송한다.

06 아두이노의 8번 핀에 연결된 LED가 꺼지는 지 확인한다.

블루투스 통신을 이용하여 아두이노와 값을 주 고 받아보고 특정 값을 받았을 때 LED를 제어 해 보았다.

02 _ 7 블루투스 통신 모듈 이름 바꾸는 방법

학습목표 HC-06의 블루투스 통신 모듈의 이름을 바꾸는 방법을 알아본다. HC-06 블루투스 통신 모듈의 초기 이름은 'HC-06'이다. 하나의 통신 모듈만 전원이 켜져있을때는 검색이 하나만 되지만 여러 개의 통신 모듈이 같은 공간안에 켜져있다면 모두 HC-06의 이름으로 검색이되어 어떤 모듈이 자신의 모듈인지 알 수가 없다. 그러므로 통신 모듈의 이름을 변경하여 고유한 이름으로 검색이 되도록 한다.

준비물

부품명	수량
HC-06 블루투스 통신 모듈	1개
수수 점퍼 케이블	6개

아두이노 회로 구성

다음은 프리징과 실제로 구성한 회로 그림이다.

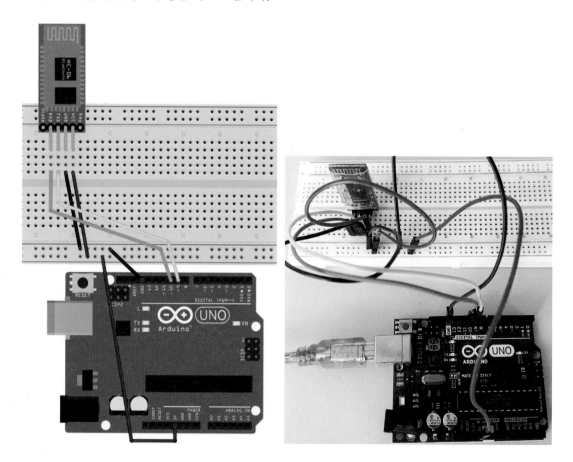

블루투스 통신 모듈의 VCC는 5V와 연결, GND는 GND와 연결, TX핀은 아두이노의 9번 핀에 연결, RX핀은 아두이노의 10번 핀에 연결한다.

아두이노 코드 작성과 동작 결과 확인하기

01 다음과 같이 코드를 작성한다.

```
_2_4.ino
01    #include <SoftwareSerial.h>
02
03    SoftwareSerial btSerial = SoftwareSerial(9, 10);
04
05    void setup()
06    {
07     Serial.begin(9600);
08     btSerial.begin(9600);
09    }
10
11    void loop()
12    {
13     if (btSerial.available() >0)
14     {
15            Serial.write(btSerial.read());
16     }
17     if (Serial.available() >0)
18     {
19            btSerial.write(Serial.read());
20     }
21    }
```

위 코드는 블루투스 통신 모듈과 PC와 서로 데이터 중계를 하는 프로그램이다.

02 업로드 버튼(⊙)을 눌러 업로드를 완료한다.

03 블루투스 통신 모듈의 이름을 바꾸기 위해서는 블루투스 모듈
과 스마트폰이 연결되어있지 않아야 한다. 앱 상에서 연결되어 있
다면 [연결끊기] 버튼을 눌러 "연결을 끊으시겠습니까?" 메시지가
나타나면 [예] 버튼을 클릭하여 연결을 끊고 진행한다.

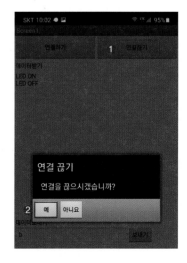

04 아래 빨간 네모칸 안의 HC-06 통신 모듈의 LED가 점멸 상태이면 블루투스 접속이 되지 않은 상태이다. 반대로 LED가 계속 켜져 있다면 블루투스가 연결된 상태이다.

05 아두이노 IDE에서 시리얼 모니터 버튼(🔍)을 눌러 시리얼 모니터 창을 띄운다. 속성값 다음과 같이 설정한다.

- line ending 없음

06 'AT' 명령을 전송하여 'OK' 응답이 오는지 확인한다. 'AT'는 대문자로 입력한다. 아두이노 시리얼 모니터를 이용하여 블루투스 통신 모듈에 'AT'명령어를 전송하였다. 아두이노 프로그램은 PC에서 받은 시리얼 데이터를 블루투스 통신 모듈에게 전달하는 역할만 한다.

07 AT+NAMEarduino를 입력한 후 [전송] 버튼을 누른다. AT+NAMExxxxx(xxxxx라는 이름으로 설정) 한다. arduino 부분을 사용자가 원하는 이름으로 변경 가능하다. 단 일반적으로 사용되는 블루투스 기기들과는 틀리게 한글이나 특수문자 띄어쓰기는 되지 않으므로 사용하지 않는다. '영어' 또는 '영어+숫자'로 설정하여 사용한다.

08 'OKsetname'의 응답이 오면 정상적으로 이름이 변경되었다. 아두이노의 USB 케이블을 제거 후 다시 연결하여 블루투스 통신 모듈을 리셋시킨다. 블루투스 통신 모듈의 전원이 다시 켜지면 그때 이름이 적용된다.

09 스마트폰에서 블루투스 설정으로 들어가면 'HC-06'에서 'arduino' 이름으로 바뀐 것을 확인할 수 있다.

10 지금까지 AT 명령어로 이름 바꾸는 방법을 알아보았다. AT 명령어로 자주 사용되는 기능은 다음과 같다.

AT+NAMEHC-06

빨간색 부분에 변경할 이름을 작성한다.(띄워쓰기는 하지 않는다). 정상적으로 반영되었다면 OKsetname의 응답이 온다. 초기값은 HC-06이다.

AT+PIN1234

빨간색 부분에 비밀번호를 입력한다.(띄워쓰기는 하지 않는다) 정상적으로 반영되었다면 OKsetpin 의 응답이 온다. 비밀번호를 변경하면 블루투스 통신 모듈 연결 시에 바뀐 비밀번호로 입력을 해야 한다. 초기 비밀번호는 1234 이다.

AT+BAUD4

1200BPS=1, 2400BPS=2, 4800=3, 9600=4, 19200=5, 38400=6, 57600=7, 115200BPS=8

빨간색 부분에 통신 속도를 입력한다.(띄워쓰기는 하지 않는다). 정상적으로 반영되었다면 OK9600 의 응답이 온다. 초기 통식속도는 9600이다.

Arduino app Inventor

CHAPTER 03

앱인벤터
기본과 간단한 앱 만들기

앱인벤터의 기본 기능을 익힌다. 앱인벤터와 스마트폰을 연결하고 어플을 만들어본다. QR코드를 인식하는 어플과 두더지잡기 게임을 만들어보면서 앱인벤터의 기능을 익힐 수 있다.

03 _ 1 스마트폰에 앱인벤터 앱 설치하기

학습목표 스마트폰에 앱인벤터 앱을 설치하고, 회원가입한 후 앱인벤터의 구성을 알아본다.

01 안드로이드 스마트폰에서 '플레이스토어'에 접속한다. '앱인벤터'를 검색한 후 결과에서 'MIT AI2 Compation'을 클릭한다.

※ 앱인벤터는 안드로이드 앱을 만들 수 있는 프로그램으로 아이폰에서는 동작하지 않는다.

02 [설치] 버튼을 클릭하여 앱인벤터 앱을 설치한다.

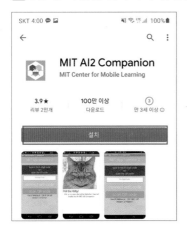

03 설치가 정상적으로 완료되면 다음과 같은 'MIT AI2 Compation' 실행 아이콘이 만들어진다. 'MIT AI2 Compation' 아이콘을 클릭하여 앱인벤터를 실행한다.

04 각종 권한 설정에서 '허용'을 클릭한다.

05 앱인벤터 앱은 PC에서 만든 앱을 스마트폰과 연결하는 기능을 한다. PC에서 기능을 바꾸면 바꿀 때마다 스마트폰에서 바로 보여지므로 앱을 개발 시 매우 편하다. 실시간으로 바뀐 앱을 보여주는 역할도 하고 앱인벤터에서 만든 앱의 APK 파일을 다운받아 설치하는 역할도 한다.

※ PC와 스마트폰 앱을 연결할 때 주의사항으로는 PC와 스마트폰이 동일한 네트워크에 연결되어 있어야 한다. 예를들면 같은 공유기에 연결이 되어야 한다. 네트워크로 연결되기 때문에 이점에 유의하여야 한다.

[connect with code]와 [scan QR code]가 있다. [connect with code]는 코드를 이용하여 접속하는 방식이고, [scan QR code]는 카메라로 QR 코드를 인식하여 PC에서 만든 앱과 접속하는 방식이다. [connect with code]는 거의 사용하지 않고 [scan QR code]를 이용하여 앱인벤터 PC와 접속한다.

06 이제부터는 PC로 돌아와 앱인벤터 페이지를 가입한다. 앱인벤터는 별도의 설치프로그램 없이 웹에서 동작하는 프로그램이다. 인터넷 익스플로어는 호환되지 않고 구글 크롬이 호환성이 좋아 구글 크롬을 설치하여 크롬에서 진행한다. 구글에 접속한 후 '앱인벤터'를 검색한다. 검색 결과 중 'MIT App Inventor'를 클릭하여 접속한다. 또는 'https://appinventor.mit.edu/' 주소로 직접 접속해도 된다.

07 앱인벤터 사이트에 접속 후 좌측 상단의 [Create Apps!] 버튼을 클릭한다.

08 구글 계정을 통해 로그인이 가능하다. 이미 로그인된 계정이 있다면 해당 계정을 선택하여 로그인한다. 계정이 없다면 새로 생성하여 로그인한다.

09 처음 로그인 시 'English'로 되어 있다. 다음 그림의 English의 드롭 버튼(▼)을 클릭하여 '한국어'를 클릭하면 한국어로 변경한다.

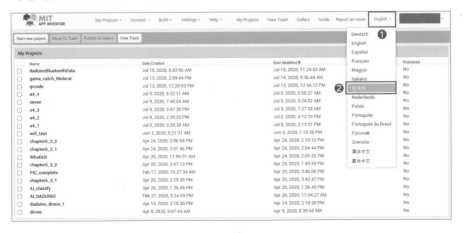

다음은 앱인벤터 화면 구성이다.

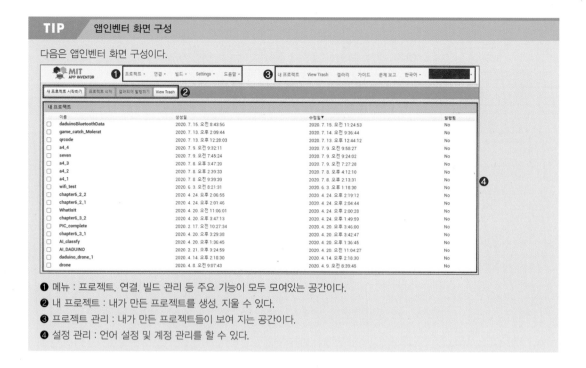

① 메뉴 : 프로젝트, 연결, 빌드 관리 등 주요 기능이 모두 모여있는 공간이다.

② 내 프로젝트 : 내가 만든 프로젝트를 생성, 지울 수 있다.

③ 프로젝트 관리 : 내가 만든 프로젝트들이 보여 지는 공간이다.

④ 설정 관리 : 언어 설정 및 계정 관리를 할 수 있다.

프로젝트 삭제하기

01 프로젝트 목록 앞에 체크 박스를 선택하고 [프로젝트 삭제] 버튼을 클릭하면 프로젝트는 휴지통 으로 이동한다. 휴지통으로 이동된 프로젝트는 [View Trash] 버튼을 클릭하면 확인할 수 있다.

02 [View Trash]를 클릭했을 때 다음 그림처럼 휴지통 에 들어가 있는 프로젝트들을 확인 가능하다

03 [View Trash]에서 프로젝트 이름 앞의 체크 박스 를 선택한 후 [Delete From Trash]를 클릭하면 완전 삭제가 가능하다. [Restore]를 클릭하면 휴지통에서 다시 내 프로젝트로 되돌릴 수 있다.

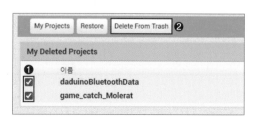

03 _ 2 앱인벤터 핵심 기능과 화면 구성 살펴보기

앱인벤터 프로젝트 생성하기

이제 프로젝트를 생성하여 앱인벤터의 기능을 살펴보도록 하자.

01 [프로젝트]-[새 프로젝트 시작하기]를 클릭한다. 또는 앱인벤터 메인화면에 [새 프로젝트 시작하기]를 클릭한다.

02 "새로운 앱인벤터 프로젝트 만들기" 창이 나타나면 프로젝트 이름 입력 상자에 'test'로 하고 [확인] 버튼을 클릭한다.

03 'test' 이름의 새로운 프로젝트가 생성되었다.

앱인벤터의 화면 구성 살펴보기

앱인벤터의 화면은 앱 화면을 구성하는 디자이너 모드와 디자인한 화면을 코딩하는 블록 모드로 이루어져 있다.

디자이너 모드

디자이너 모드는 [팔레트], [뷰어], [미디어], [속성]으로 구성되어 있다.

처음 프로젝트를 시작하면 [디자이너] 화면에서 시작한다. [디자이너]는 실제 스마트폰에 보여지는 화면을 디자인한다. [팔레트]의 기능들을 [뷰어]로 드레그하여 구성한다.

▲ 디자이너 모드

❶ 팔레트 : 앱을 만들기 위해 필요한 컴포넌트 들이 모여있다. 팔레트 안에 있는 컴포넌트를 뷰어로 드레그하여 화면을 구성한다.

❷ 뷰어 : 앱을 실행했을 때 보여지는 화면이다. 화면의 크기를 전화 크기, 태블릿 크기, 모니터 크기 로 변경할 수 있다.

❸ 컴포넌트 : 뷰어에 등록된 컴포넌트들이 모여있는 공간이다. 여기에서 컴포넌트들의 이름을 변경하거나 지울 수 있다. 컴포넌트를 선택하여 [속성]을 변경할 수 있다.

❹ 미디어 앱에 필요한 사진, 음악, 영상들을 [파일올리기] 버튼을 클릭하여 업로드 할 수 있다.

❺ 속성 : [컴포넌트]에서 선택한 속성을 변경 할 수 있다.

❻ 디자이너 : 디자이너로 이동하기위한 버튼이다. 디자이너는 앱에 보여지는 화면을 구성한다. 지금 보고있는 화면이 디자이너 화면이다.

❼ 블록 : 블록을 구성할 수 있는 화면이다. 디자이너에서 구성된 기능들을 블록 화면으로 넘어가 코딩할 수 있다.

블록 모드

앱인벤터 화면 우측 상단의 [블록] 버튼을 클릭하여 블록 화면으로 이동하였다. [블록] 화면에서는 [디자이너]에서 구성된 기능들을 코딩할 수 있다. 블록 화면에 대해 알아보자

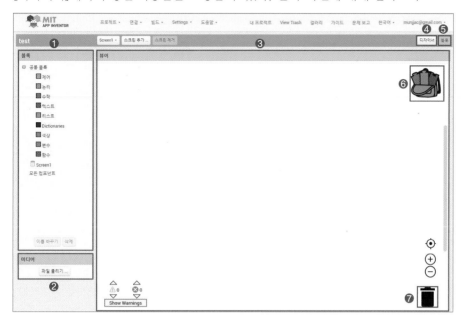

▲ 블록 모드

❶ 블록 : 공통 블록과 모든컴포넌트블록의 기능들이 모여져 있다. 모든 컴포넌트블록은 [디자이너]에서 생성된 컴포넌트의 기능을 활용하기 위한 블록이다. 블록을 드래그하여 [뷰어] 화면으로 이동하여 프로그램을 구성한다.

❷ 미디어 : 앱에 필요한 사진,음악,영상들을 [파일올리기] 버튼을 클릭하여 업로드 할 수 있다. [디자이너]에 위치한 [미디어]와 같다.

❸ 뷰어 : 블록이 위치하는 곳으로 프로그램을 생성 동작하는 공간이다.

❹ 디자이너 : 디자이너 화면으로 이동한다.

❺ 블록 : 블록 화면으로 이동한다. 지금 위치한 화면이[블록] 화면이다.

❻ 백팩 : 반복적으로 사용할 코드 블록들을 넣어두고 다시 꺼내 재사용할 수 있다.

❼ 휴지통 : 사용하지 않는 코딩 블록들을 휴지통으로 드래그하면 블록이 삭제된다.

블록 삭제하기

블록을 삭제하는 방법에 대해서 알아보자. [제어] 블록을 클릭하고 [만약 이라면 실행] 블록을 드래그하여 [뷰어] 화면에 위치시킨다.

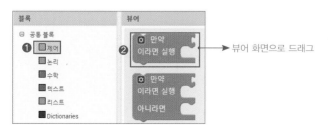

[만약 이라면 실행] 블록이 [뷰어]에 위치하였다. 블록을 삭제하는 방법은 두 가지 방법이 있다. 첫 번째로는 삭제하고자 하는 블록을 클릭하고 delete 키를 누른다. 두 번째 방법은 삭제하고자 하는 블록을 드래그하여 오른쪽 아래 쓰레기통 아이콘에 넣어 삭제할 수 있다.

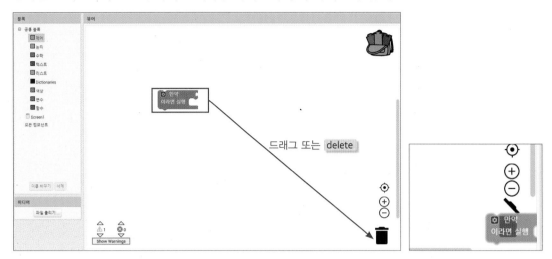

위와 같은 방법으로 블록을 뷰어에 위치하거나 삭제가 가능하다. 이제 간단한 프로젝트를 만들어보 도록 한다.

03 _ 3 앱인벤터로 QR 코드 검색 앱 만들기

학습목표 이번에는 앱인벤터를 활용하여 간단한 QR 코드를 볼수 있는 앱을 만들어보도록 한다. 간단한 앱을 만들어 보면서 [디자이너], [블록] 등의 기능을 익히고, 스마트폰에서 어떻게 동작하는지 확인하여 보자.

01 [프로젝트]-[새 프로젝트 시작하기]를 클릭하여 새로운 프로젝트를 생성한다.

02 프로젝트 이름을 'a3_2'로 입력하고 [확인] 버튼을 클릭한 다. 프로젝트명 앞에 영어를 붙인 이유는 숫자가 맨 앞에 있으 면 프로젝트가 생성이 되지 않기 때문이다.

03 새로운 프로젝트가 생성되었다. 생성한 프로젝트(a3_2.aia)를 클릭하면 다음과 같은 프로젝트 화면이 나타난다.

04 [팔레트]-[레이아웃]-[수평배치]를 드래그하여 [뷰어]에 위치시킨다.

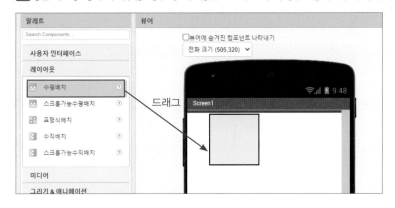

05 방금 위치한 [수평배치1] 컴포넌트의 속성을 다음과 같이 설정한다.

- 수평정렬: 가운데 3
- 수직정렬: 가운데 2
- 높이: 60 픽셀
- 너비: 부모 요소에 맞추기...

06 수평배치1 컴포넌트 안에 [버튼]을 위치시킨다.

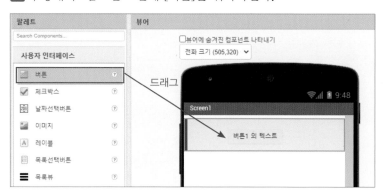

07 [버튼1] 컴포넌트를 클릭하고 [이름 바꾸기]를 클릭한다. 새 이름을 'QR 코드 스캔'으로 변경한 후 [확인]을 클릭하여 이름을 변경한다.

08 이름은 'QR 코드 스캔'으로 변경하였지만 'QR 코드_스캔'으로 변경되었다. 컴포넌트의 이름은 공백이 있을 수 없어 앱인벤터에서 공백대신 '_' 언더바로 변경하였다. [QR 코드_스캔] 컴포넌트의 속성을 다음과 같이 설정한다.

• 텍스트: QR 코드 스캔

텍스트는 화면에 보여주는 이름으로 화면에 보이는 버튼의 글자를 'QR 코드 스캔'으로 설정한다.

09 [레이아웃]-[수평배치]를 끌어 뷰어에 위치시킨다.

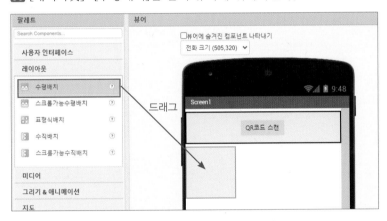

10 [수평배치2]의 속성값을 다음과 같이 설정한다.

• 수평정렬: 가운데 3, 수직정렬: 가운데 2, 높이: 60픽셀, 너비: 부모 요소에 맞추기...

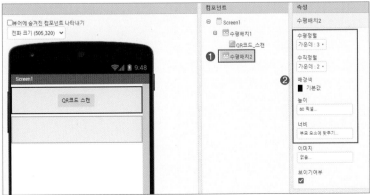

11 [사용자 인터페이스]-[레이블]을 끌어 수평배치2에 위치시킨다. [레이블]의 기능은 글자 등을 표시한다.

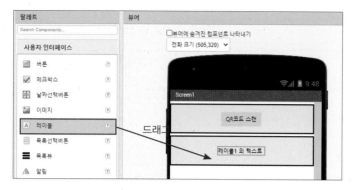

12 [레이블1] 컴포넌트의 이름을 '스캔주소'로 변경한다. [스캔주소]의 속성값을 다음과 같이 설정한다.

• 텍스트 : " 비워두기

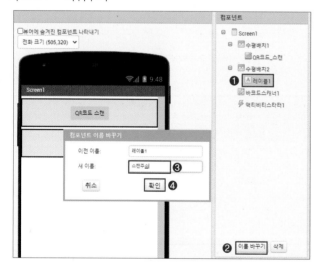

13 팔레트영역의 [센서]-[바코드스캐너]를 뷰어에 위치시킨다.

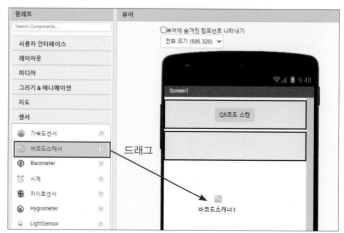

14 [뷰어]에서는 화면 아래 [보이지 않는 컴포넌트]로 등록되어 있다. 바코드 스캐너는 기능만을 할뿐 화면으로는 표시되지 않기 때문에 [보이지 않는 컴포넌트]로 등록되었다.

15 [바코드스캐너1]의 컴포넌트 [속성]을 다음과 같이 설정한다.

• 외부스캐너사용 체크 박스 해제

외부스캐너사용 체크 박스가 선택되었다면 앱인벤터의 기본 스캐너를 사용하지 않고 외부 앱을 통해 실행한다. 동작하지 않을 수 있다.

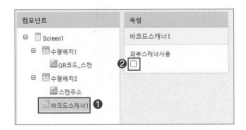

16 [연결]-[액티비티스타터] 컴포넌트를 드래그하여 뷰어에 위치시킨다.

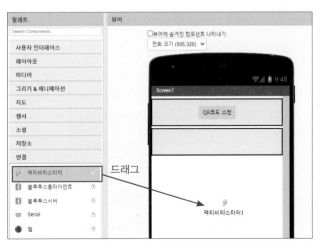

17 [액티비티스타터1] 컴포넌트는 외부 앱을 실행하는 기능으로 보이지 않는 컴포넌트에 위치하였다. 이번 [액티비이스타터] 컴포넌트를 이용해서 할 것은 QR 코드에서 받은 주소를 외부 인터넷 앱으로 실행하는 기능을 한다. 인터넷 앱은 스마트폰에서 기본으로 설정된 인터넷 앱이 될 수 있다. 크롬, 파이어폭스, 삼성인터넷 앱 등이다. [액티비티스타터1]의 속성은 아무것도 설정하지 않고 기본값으로 둔다.

18 [디자이너] 화면 구성을 마치고 우측 상단의 [블록] 버튼을 클릭하여 프로그램 한다.

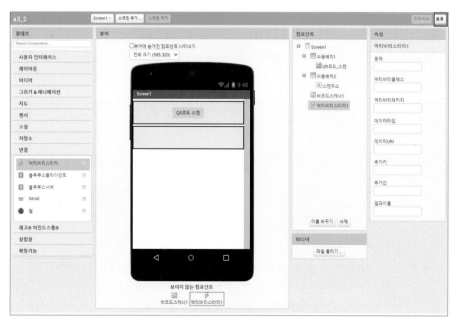

19 [블록]을 클릭하여 블록 화면으로 왔다.

20 공통 블록 아래 [디자이너] 화면에서 구성했던 컴포넌트들이 위치한 것을 볼 수 있다.

21 블록에서 [QR 코드_스캔]을 클릭하여 보도록 한다. [QR 코드_스캔] 컴포넌트는 버튼 기능으로 버튼에 해당하는 다양한 기능의 블록을 사용할 수 있다.

22 [언제 QR 코드_스캔.클릭했을 때] 블록을 뷰어에 위치시킨다.

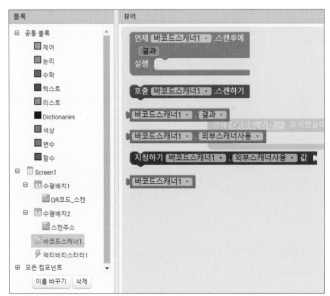

23 [바코드스캐너1]-[호출 바코드스캐너1.스캔하기] 블록을 선택한다.

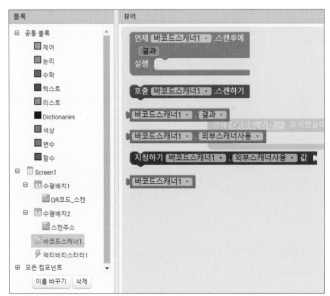

24 [언제 QR 코드 스캔.클릭했을 때] 블록 안에 위치시킨다.

언제 QR코드_스캔 ▾ .클릭했을때
실행 호출 바코드스캐너1 ▾ .스캔하기

25 QR 코드_스캔 버튼을 눌렀을 때 바코드스캐너1을 스캔하는 기능을 만들었다.

언제 QR코드_스캔 ▾ .클릭했을때
실행 호출 바코드스캐너1 ▾ .스캔하기

26 [바코드스캐너1] 블록에 [언제 바코드
스캐너1.스캔후에] 블록을 뷰어에 위치시
킨다.

27 바코드 스캔 후에 동작하는 블록이다.

28 [지정하기 액티비티스타터1.동작 값] 블록을 [언제 바코드스캐너1.스캔후에] 안에 위치시킨다.

29 [텍스트] – 블록을 클릭한다. 텍스트를 넣을 수 있는 블록이다.

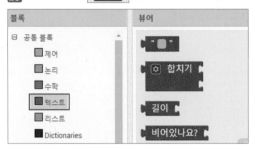

30 다음 그림과 같이 빈 텍스트 블록을 위치시킨다.

31 빈텍스트 안에 'android.intent.action.VIEW'를 대소문자를 구분하여 정확하게 입력한다. 외부 인터넷이 가능한 앱을 열어 실행한다.

32 [지정하기 액티비티스타터1.데이터URI 값] 블록을 위치시킨다. URI 값을 넣어 주소에 접속하는 기능이다.

33 주황색 [결과] 부분에 마우스를 가져다 대면 사용할 수 있는 블록들이 보인다. [가져오기 결과] 블록을 클릭한다.

34 결과 블록을 [지정하기 액티비티스타터1.데이터URI 값] 블록에 연결하여 완성시킨다.

35 [지정하기 스캔주소.텍스트 값] 블록도 다음과 같이 만들어 완성한다. [스캔주소] 컴포넌트에서 어떤 값을 스캔했는지 보여준다.

36 [액티비티스타터1] 블록에서 [호출 액티비티스타터1.액티비티시작하기] 블록을 위치시킨다. 액비비티시작하기에서는 외부 인터넷 연결앱을 스캔된 URI 값으로 실행시킨다.

37 다음의 블록을 모두 완성하였다.

38 큰 화면으로 보면 다음처럼 모든 블록을 완성하였다. 프로젝트 파일이 자동으로 저장된다.

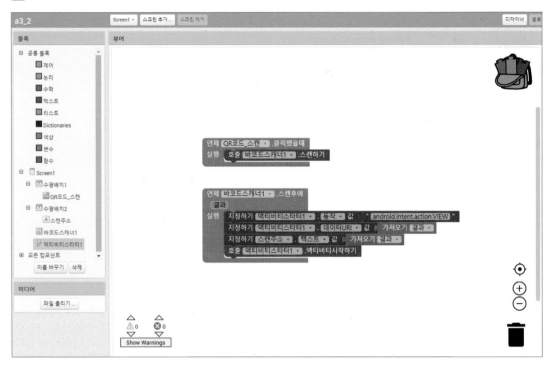

■ 완성 파일 : 자료제공\프로젝트\a3_2.aia

TIP **앱인벤터 프로젝트 파일 불러오는 방법**

완성된 앱인벤터 프로젝트 파일(*.aia)은 앱인벤터에서 '프로젝트' 〉 '저장소에서 프로젝트(.aia) 가져오기' 또는 '내 컴퓨터에서 프로젝트(.aia) 가져오기'를 클릭하면 프로젝트를 가져올 수 있다.

39 앱인벤터에서 만든 프로젝트를 실행한다. 우선 [연결]−[AI 컴패니언] 메뉴를 클릭한다. QR 코드가 출력된다.

40 스마트폰의 [MIT AI2 Companion] 앱을 실행한다. [scan QR code]를 버튼을 클릭한다. 처음 실행 시 권한 설정 알림이 발생하는데 [허용]을 누른다.

41 스마트폰의 카메라를 PC의 QR 코드에 비추어 연결한다. 진행 바가 보이면서 스마트폰과 연결한다.

42 앱이 스마트폰에서 실행되었다. [QR 코드 스캔] 버튼을 눌러 만든 앱을 활용해보자.

43 다음의 QR 코드를 찍어 확인해보도록 한다. 다음의 QR 코드 주소는 앱인벤터의 사이트 주소이다.

44 기본으로 설정된 스마트폰 웹브라우저를 통해 앱인벤터 사이트에 접속됨을 확인할 수 있다.

45 PC와 스마트폰의 연결은 안정적이지 않다. 특정 기능을 넣어가 오류가 발생하면 자주 끊긴다. 앱의 변화가 없거나 오류가 발생하였을 때는 [연결]−[다시 연결하기]−[AI 컴패니언] 메뉴를 클릭하고 스마트폰에서는 다시 QR 코드를 찍어 접속한다.

[연결]−[Refresh Companion Screen] 메뉴도 자주 사용되는 기능 중 하나로 실행된 앱을 초기화하는 역할을 한다.

공유기가 있는 환경에서는 동일 네트워크에 컴퓨터와 스마트폰이 연결되어 [연결]−[AI 컴패니언] 메뉴로 실시간으로 앱의 동작 등을 확인이 가능하다. 하지만 공유기가 없는 환경에서는 진행하기 어렵다. 공유기가 없는 환경에서는 앱을 만들고 [빌드]−[앱(.APK용 QR 코드 제공)] 기능을 이용하여 APK 파일을 만든다. APK 파일을 만드는데 2~5분가량 시간이 소요된다. APK 파일을 만들 때 단점으로는 앱을 중간중간 테스트 해볼 수가 없어 오류가 발생하면 다시 APK 파일을 만들어 스마트폰에 설치해야 한다.

	AI 컴패니언으로 연결할 때	APK 파일로 만들 때
기능	실시간으로 확인 가능	APK 파일을 설치해야 확인 가능
소요시간	기능을 바꾸면 바로 확인 가능	APK만드는데 2~5분가량 소요
앱의실행	앱을 종류후 다시 AI 컴패니언으로 실해해야 앱이 실행됨	스마트폰에 설치되어 있어 앱을 종료하더라도 다시 실행이 가능
사용용도	개발할 때 사용	개발완료 후 사용
권한 설정	앱인벤터 앱의 권한 설정에 따름	권한 설정은 내가 만든 앱의 권한 설정에 따름

46 [빌드]−[앱(.APK용 QR 코드 제공)]을 클릭한다. APK 파일을 내 컴퓨터에 저장하기 기능도 있으나 APK 파일을 다시 스마트폰으로 옮겨야 하는 번거로움이 있다.

47 스마트폰의 앱인벤터 앱에서 바코드를 스캔한다.

48 스캔 진행중이다. APK 파일을 만들기 때문에 시간이 2~5분가량 소요된다.

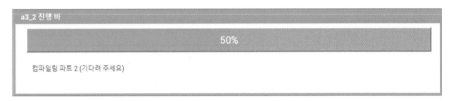

49 [다운로드]를 눌러 파일을 다운로드한다.

50 다운로드 받은 파일을 연다.

51 알 수 없는 앱을 설치하기 위해서 [설정]을 클릭한다.

52 '이 출처 허용'을 선택한다.

‹ 출처를 알 수 없는 앱 설치	‹ 출처를 알 수 없는 앱 설치
삼성 인터넷 12.1.2.5	삼성 인터넷 12.1.2.5
이 출처 허용	이 출처 허용
이 출처의 앱을 설치하면 휴대전화와 데이터가 손상될 수 있어요.	이 출처의 앱을 설치하면 휴대전화와 데이터가 손상될 수 있어요.

53 [설치]를 눌러 설치한다.

a3_2
이 애플리케이션을 설치하시겠습니까?

취소   설치

54 a3_2의 이름으로 앱이 설치되었다. 앱을 실행한다.

55 QR 코드 스캔 버튼을 누르면 권한 설정 창이 뜬다. [허용]을
클릭하여 진행한다.
앱인벤터 앱의 권한 설정에 따르지 않고 내가 만든 앱이기 때문에
권한 설정을 해줘야 동작한다.

이번 단원에서는 스마트폰 앱을 설치하고 간단한 QR 코드 앱을 만들어 스마트폰과 연결하여 동작시
키는 방법을 알아보았다.

03 _ 4 앱인벤터로 두더지잡기 게임 앱 만들기

학습목표

앱인벤터에서 할 수 있는 조금 더 다양한 기능을 활용하여 두더지잡기 게임 앱을 만들어 보도록 한다.

01 [새 프로젝트 시작하기]를 클릭하여 새로운 프로젝트를 생성한다. 이름은 'a3_3' 으로 입력한 후 [확인] 버튼을 누른다.

02 새로운 프로젝트가 생성되었다.

03 [그리기 & 애니메이션]-[캔버스]를 뷰어에 위치시킨다.

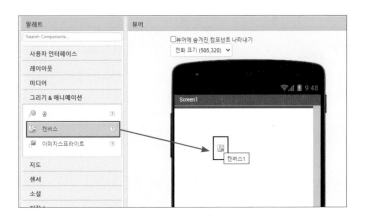

04 [캔버스1] 컴포넌트의 속
성을 다음과 같이 설정한다.

- 높이 : 250픽셀
- 너비 : 부모 요소에 맞추기...

05 [미디어]에서 [파일 올리기...] 버튼을 클릭한다. [파일 선택] 버튼을 클릭한다.

06 [mole.png] 파일을 선택한 후 [열기] 버튼을 누른다.

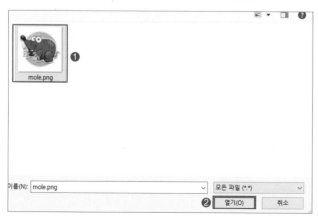

※ 책에서는 mole.png 이미지 파일은 제공되지 않
는다. 이미지 파일 무료 다운로드 방법은 다음 페이
지를 참조한다.

※ 소스 그림 파일 다운로드 방법

셔터스톡 사이트(https://www.shutterstock.com/)의 검색창에서 "201895072" ID를 검색하면 다음과 같은 동물 그림 파일을 무료로 다운로드 받을 수 있다. 이 책에서는 전체 이미지에서 쥐 캐릭터 부분만 잘라서 사용하였다. 만약 해당 이미지를 찾기 어렵다면 유사한 무료 이미지를 사용해도 무관하다.

07 [파일 선택] 버튼 옆에 [mole.png] 파일의 이름이 보이면 정상적으로 선택된 것이다. [확인] 버튼을 눌러 사진을 올린다. [미디어]에서 확인해보면 mole.png 파일이 정상적으로 파일이 올라갔음을 확인 할 수 있다.

08 [그리기 & 애니메이션]에서 [이미지스프라이트]를 뷰어의 [캔버스1] 컴포넌트 안에 위치시킨다. [캔버스1] 안의 어느 위치에 있어도 된다.

09 [캔버스1] 안에 [이미지스프라이트1]이 위치하였다.

10 새 이름을 '두더지'로 변경한 후 [확인] 버튼을 클릭한다.

11 [두더지] 컴포넌트의 속성값을 다음과 같이 설정한 후 [확인] 버튼을 클릭한다.

• 높이 : 50픽셀, 너비 : 50픽셀, 사진 : 미디어에서 올린 mole.png 파일 선택

12 이미지가 없던 [두더지]의 값이 내가 올린 사진으로 변경되었다.

13 사용자 인터페이스에서 [버튼]을 뷰어에 위치시킨다.

14 이름을 '다시하기'로 변경한다.

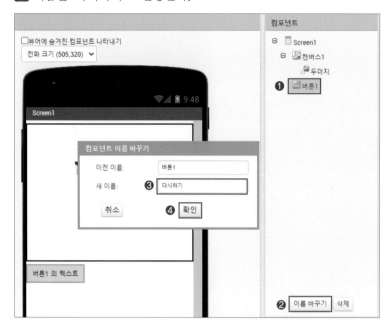

15 [다시하기] 버튼의 속성을 다음과 같이 설정한다.

- 텍스트 : '다시하기'

16 레이아웃에서 [수평배치]를 끌어와 뷰어에 위치시킨다. 위치시킨 [수평배치1]의 속성값을 다음과 같이 설정한다.

- 수직정렬: 가운데 2, 높이: 40픽셀, 너비: 부모 요소에 맞추기…

레이아웃에서 수평정렬, 수직정렬을 설정하면 레이아웃 안에 있는 컴포넌트들이 정렬값의 영향을 받는다. [수평배치1]의 수직정렬은 [가운데:2]로 설정되어 안에 있는 컴포넌트는 위아래로 가운데 정렬이 된다.

17 사용자 인터페이스에서 [레이블]을 뷰어에 [수평배치1] 안에 위치시킨다.

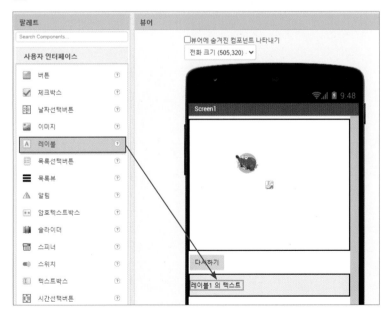

18 [레이블1]의 속성값을 다음과 같이 설정한다.

- 텍스트: '남은 시간:'

19 사용자 인터페이스에서 [레이블]을 뷰어의 [수평배치1]안 [남은 시간] 뒤에 위치시킨다.

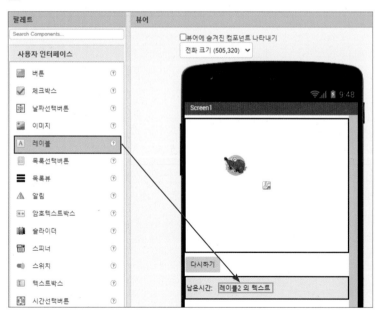

20 위치시킨 [레이블2]의 이름을 '남은 시간'으로 변경한다.

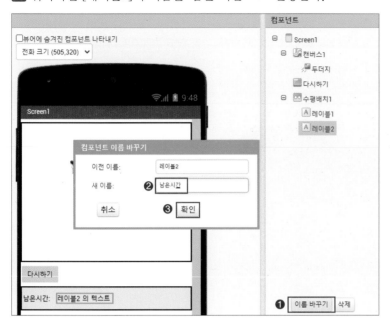

21 [남은 시간]의 속성값을 다음과 같이 설정한다.

- 텍스트: '' 비워두기

22 레이아웃에서 [수평배치]를 하나 더 끌어 뷰어에 위치시킨다. 위치한 [수평배치2]의 속성값을 다음과 같이 설정한다.

- 수직정렬 : 가운데 2
- 높이 : 40픽셀, 너비 : 부모 요소에 맞추기...

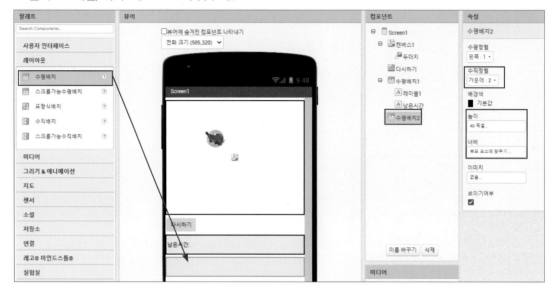

23 사용자 인터페이스에서 [레이블] 2개를 끌어 뷰어 안에 [수평배치2] 안에 위치시킨다.

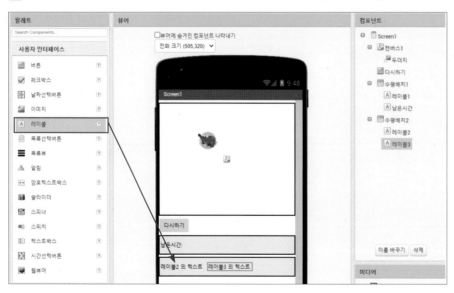

24 레이블2의 속성값을 다음과 같이 설정한다.

- 텍스트 : '점수:'

25 레이블3의 이름을 '점수'로 변경한다. 점수의 속성값을 다음과 같이 설정한다.

- 텍스트 : '' 비워두기

26 센서에서 [시계] 컴포넌트를 끌어 뷰어에 위치시킨다. [시계] 컴포넌트는 2개를 끌어서 위치시킨다. 설정값은 기본값으로 둔다.

27 미디어에서 [소리] 컴포넌트를 뷰어에 위치시킨다. 설정값은 기본값으로 둔다.

28 [디자이너]에서 사용자 인터페이스의 설정은 모두 마쳤다. [블록] 버튼을 클릭하며 블록 모드로 이동한 후 프로그램을 진행하도록 하자.

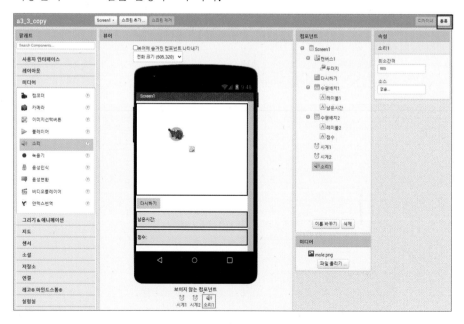

29 [블록] 화면으로 이동하였다.

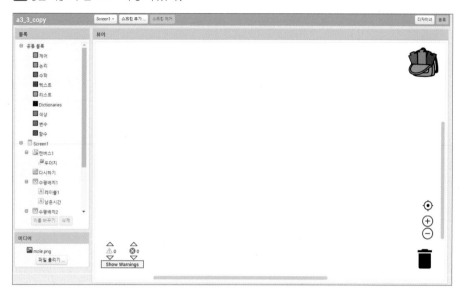

30 [함수] 블록에서 [함수 만들기] 블록을 뷰어에 위치시킨다.

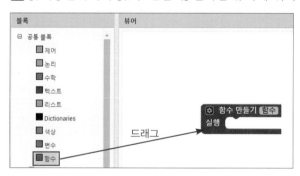

31 이름을 '두더지이동'으로 변경한다.

32 [두더지] 블록에서 [호출 두더지 .좌표로이동하기] 블록을 선택하여 [두더지이동] 함수 안에 위치 시킨다.

33 [수학] 블록에서 임의의 정수 시작을 끌어 위치시킨다.

34 시작값의 0으로 변경하고 끝 블록을 [DELETE] 키를 눌러 삭제한다.

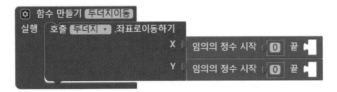

35 수학에서 빼기 블록을 위치시킨다.

36 다음과 같이 블록을 위치시킨다. 캔버스1 관련 블록은 캔버스1 블록에 있고 두더지 관련 블록은 두더지블록에 위치시킨다. [두더지이동] 함수의 역할은 함수가 호출되었을 때 [두더지] 컴포넌트를 0부터 시작하는 임의의 좌표로 이동한다. 캔버스의 너비 및 높이에서 두더지의 너비 및 높이를 빼는 이유는 좌표가 너무 끝으로 이동하면 두더지가 화면 밖으로 벗어나서 보이지 않기 때문이다.

37 초기값 함수를 만든다.

38 함수 블록을 클릭하면 방금 만든 2개의 함수가 생겨있음을 확인할 수 있다.

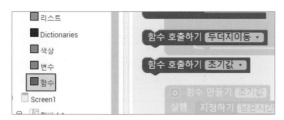

39 [언제 Screen1.초기화되었을 때] 블록을 추가하고 두더지 이동 함수와 초기값 함수를 위치시킨다. [Screen1.초기화되었을 때] 즉, 시작했을 때 두더지를 임의의 좌표로 이동하는 함수를 호출하고 남은 시간은 10으로 점수는 0으로 설정하는 초기값 함수를 호출한다.

```
언제 Screen1 .초기화되었을때
실행   함수 호출하기 두더지이동 ▼
      함수 호출하기 초기값 ▼
```

40 다음과 같이 블록을 완성한다. [가져오기 터치된 스프라이트] 블록은 터치된스프라이트 부분에 마우스를 가져다 대면 끌어올 수 있다. 거짓 ▼ 블록은 논리 블록에 위치시킨다. 두더지를 터치했을 때 두더지를 보이지 않게 하는 역할을 한다.

```
언제  캔버스1 ▼ .터치했을때
 X   Y   터치된스프라이트
실행   ⚙ 만약          가져오기 터치된스프라이트 ▼
       이라면 실행   지정하기 두더지 ▼ . 보이기여부 ▼ 값 ▌ 거짓 ▼
```

41 [다시하기]를 클릭했을 때 남은 시간과 점수를 초기화하고 시계1, 시계2를 활성화한다.

```
언제  다시하기 ▼ .클릭했을때
실행   함수 호출하기 초기값 ▼
      지정하기 시계1 ▼ . 타이머활성화여부 ▼ 값 ▌ 참 ▌
      지정하기 시계2 ▼ . 타이머활성화여부 ▼ 값 ▌ 참 ▌
```

42 아래 블록을 완성한다. 두더지를 터치했을 때 50mS동안 진동을 울리고 점수를 1점 올린다.

```
언제  두더지 ▼ .터치했을때
 X   Y
실행   호출  소리1 ▼ .진동하기
              밀리초 ▌ 50
      지정하기 점수 ▼ . 텍스트 ▼ 값 ⚙ ▌ 점수 ▼ . 텍스트 ▼ ▌ + ▌ 1
```

43 아래 블록을 완성한다. 시계1 타이머가 작동할 때, 두더지는 보여지게 하고 두더지의 위치를 임의의 위치로 이동하는 함수를 호출한다. 그리고 다음 두더지가 생성되는 시간을 300~1000mS로 설정한다. 0.3~1초의 임의의 시간 뒤에 다시 시계1 타이머를 동작시킨다.

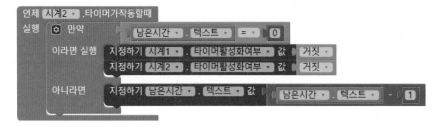

44 아래 블록을 완성한다. 남은 시간이 0이면 시계1, 시계2의 타이머를 비활성화 하여 멈춘다. 0이 아니라면 남은 시간을 1초씩 뺀다. 즉 10초에서 1초씩 계속 줄여서 0으로 만든다.

```
언제 시계2 ▾ .타이머가작동할때
실행  ⚙ 만약        남은시간 ▾ . 텍스트 ▾  = ▾  0
      이라면 실행   지정하기 시계1 ▾ . 타이머활성화여부 ▾ 값  거짓 ▾
                    지정하기 시계2 ▾ . 타이머활성화여부 ▾ 값  거짓 ▾

      아니라면     지정하기 남은시간 ▾ . 텍스트 ▾ 값    남은시간 ▾ . 텍스트 ▾  - 1
```

45 모든 블록을 완성하였다.

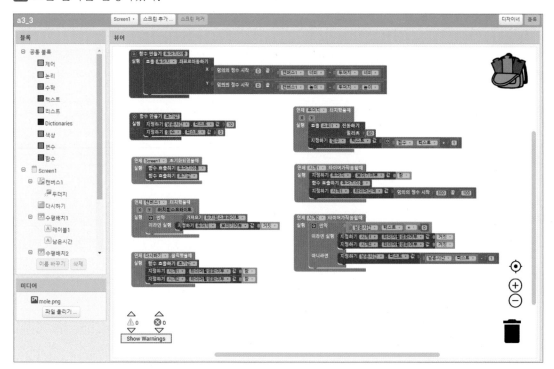

■ 완성 파일 : 자료제공\프로젝트\a3_3.aia

46 [연결]–[AI 컴패니언] 메뉴를 클릭하여 스마트폰과 연결한다.

47 QR 코드를 찍어 연결한다.

48 두더지를 클릭하면 점수가 오르고 남은 시간이 0이 되면 종료된다. 다시하기를 누르면 다시 처음부터 시작한다. 완성된 게임을 재미있게 즐기도록 한다. 게임의 난이도는 두더지 그림의 크기를 줄이거나 늘리는 방법이 있고, 두더지가 임의로 나타나는 시간을 조절해서 난이도를 늘리는 방법이 있다.

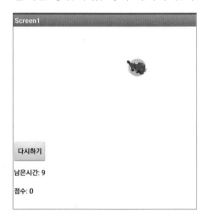

Arduino app Inventor

CHAPTER **04**

아두이노와 앱인벤터
블루투스 연동 후
앱으로 직접 제어하기

아두이노와 앱인벤터를 연결하는 챕터로 아두이노에서 블루투스 통신을 이용하여 회로를 구성하고 프로그램한다. 아두이노에서 프로그램된 기능을 앱인벤터를 이용해 앱을 만들고 그 앱에서 아두이노를 제어한다. LED, 스위치, 서보 모터, FND 다루어 보면서 기능을 익힌다.

04 _ 1 버튼으로 LED 제어하기

학습목표

아두이노와 앱인벤터를 블루투스 통신으로 연동하여 아두이노에 연결된 4개의 LED를 제어한다. 아두이노에서는 빨강, 노랑, 녹색, 파랑색의 4개의 LED가 연결되어 있어 앱인벤터에서 블루투스를 통해 명령어를 받아 LED를 제어한다. 앱인벤터에서는 블루투스 연결, 블루투스 연결끊기, 4개의 버튼을 만들어 블루투스를 연결하고 버튼을 누르면 블루투스로 명령어를 전송하여 아두이노에서 LED를 제어할 수 있게 한다.

아두이노 회로 연결 및 프로그램 작성하기

준비물

부품명	수량
HC–06 블루투스 모듈	1개
빨강, 노랑, 녹색, 파란색 LED	각각 1개
220옴(빨빨검검갈) 저항	4개
수–수 점퍼 케이블	14개

아두이노 회로 구성

다음과 같이 아두이노 회로를 구성한다.

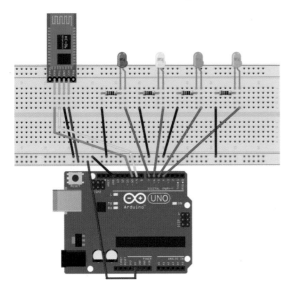 

블루투스 통신 모듈의 VCC는 5V와 연결, GND는 GND와 연결, TX핀은 아두이노의 9번 핀에 연결, RX핀은 아두이노의 10번 핀에 연결한다. 빨간색 LED의 긴다리는 아두이노의 7번핀, 노란색 LED의 긴다리는 아두이노의 6번핀, 초록색 LED의 긴다리는 아두이노의 5번핀, 파란색 LED의 긴다리는 아두이노의 4번핀에 연결한다.

아두이노 코드 작성과 동작 결과 확인하기

01 다음과 같이 코드를 작성한다.

```
_4_1.ino
01    #include <SoftwareSerial.h>
02
03    SoftwareSerial btSerial = SoftwareSerial(9, 10);
04
05    int redLedPin =7;
06    int yellowLedPin =6;
07    int greenLedPin =5;
08    int blueLedPin =4;
09
10    void setup()
11    {
12     btSerial.begin(9600);
13
14     pinMode(redLedPin, OUTPUT);
15     pinMode(yellowLedPin, OUTPUT);
16     pinMode(greenLedPin, OUTPUT);
17     pinMode(blueLedPin, OUTPUT);
18    }
19
20    void loop()
21    {
22     if (btSerial.available() >0)
23     {
24          char btData = btSerial.read();
25
26          if (btData == 'r')
27          {
28           digitalWrite(redLedPin, HIGH);
29           digitalWrite(yellowLedPin, LOW);
30           digitalWrite(greenLedPin, LOW);
31           digitalWrite(blueLedPin, LOW);
32          }
33          else if (btData == 'y')
34          {
35           digitalWrite(redLedPin, LOW);
36           digitalWrite(yellowLedPin, HIGH);
37           digitalWrite(greenLedPin, LOW);
38           digitalWrite(blueLedPin, LOW);
39          }
40          else if (btData == 'g')
41          {
42           digitalWrite(redLedPin, LOW);
43           digitalWrite(yellowLedPin, LOW);
44           digitalWrite(greenLedPin, HIGH);
45           digitalWrite(blueLedPin, LOW);
46          }
```

```
47              else if (btData == 'b')
48              {
49               digitalWrite(redLedPin, LOW);
50               digitalWrite(yellowLedPin, LOW);
51               digitalWrite(greenLedPin, LOW);
52               digitalWrite(blueLedPin, HIGH);
53              }
54              else if (btData == 'o')
55              {
56               digitalWrite(redLedPin, LOW);
57               digitalWrite(yellowLedPin, LOW);
58               digitalWrite(greenLedPin, LOW);
59               digitalWrite(blueLedPin, LOW);
60              }
61          }
62      }
```

01 : 소프트웨어 시리얼 통신을 사용하기 위한 헤더 파일을 추가한다.

03 : 9번 핀은 TX, 10번 핀은 RX에 연결하고 btSerial의 이름으로 소프트웨어 시리얼 통신을 생성한다.

05~08 : 각각의 led 핀에 해당하는 변수를 만들어 하드웨어 핀 값으로 초기화 한다.

12 : 소프트웨어 시리얼을 사용한 btSerial을 초기화 한다.

14~17 : led 핀들을 출력으로 설정한다.

22 : 블루투스 시리얼 통신으로 받은 데이터가 있다면 조건에 만족한다.

24 : 블루투스 시리얼 통신 값을 btData 변수에 대입한다.

26~32 : 블루투스 시리얼 통신으로 받은 값이 'r' 이라면 조건에 만족하여 빨간색 LED를 켜고 나머지 LED는 끈다.

33~39 : 블루투스 시리얼 통신으로 받은 값이 'y' 이라면 조건에 만족하여 노란색 LED를 켜고 나머지 LED는 끈다.

40~46 : 블루투스 시리얼 통신으로 받은 값이 'g' 이라면 조건에 만족하여 녹색 LED를 켜고 나머지 LED는 끈다.

47~53 : 블루투스 시리얼 통신으로 받은 값이 'b' 이라면 조건에 만족하여 파란색 LED를 켜고 나머지 LED는 끈다.

54~60 : 블루투스 시리얼 통신으로 받은 값이 'o'(소문자 오) 이라면 조건에 만족하여 모든 LED를 끈다. 'o'는 off의 첫글자인 o로 하였다.

02 코드를 작성 후 [툴]-[보드]와 [포트]를 맞춘다. 포트는 컴퓨터마다 다르므로 자신의 컴퓨터에 연결된 포트로 설정한다.

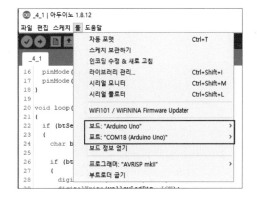

03 업로드 버튼(●)을 눌러 아두이노에 프로그램을 업로드한다.

아두이노는 블루투스 시리얼 통신으로 데이터를 받아서 LED를 제어할 준비가 끝났다. 이제는 앱인벤터 프로그램을 작성하여 명령어를 전송하는 앱을 만들도록 한다.

앤인벤터 프로그램으로 앱 만들기

01 앤인벤터 사이트에 접속해서 [Create Apps!] 버튼을 클릭한다.

02 [새 프로젝트 시작하기] 버튼을 클릭한다.

03 기존에 프로젝트를 진행하고 있다면 [프로젝트]–
[새 프로젝트 시작하기]를 클릭한다.

04 프로젝트 이름을 입력한다. 첫글자는 영어로 시작하여야 한다. 단, 공백이 없어야 한다. 'a4_1'이
라는 이름으로 프로젝트를 만들었다. 현재 진행하고 있는 단원이
'4-1'이라서 이름을 4_1로 하였다. 각자 원하는 이름을 입력하고
[확인] 버튼을 누른다.

05 새로운 프로젝트가 생성되었다.

06 레이아웃 탭에서 수평배치를 드래그하여 뷰어에 끌어온다.

TIP	레이아웃 기능 살펴보기

레이아웃은 앱 화면에 각종 컴포넌트를 원하는 위치에 배치하기 위해 사용된다. 레이아웃은 실제로 화면에 보이지는 않지만 사용자에게 보이는 화면을 구성하기 위해서는 핵심이라고 할 수 있다.

레이아웃의 기능에 대해 알아보도록 한다.

레이아웃의 종류는 수평배치, 스크롤가능수평배치, 표형식배치, 수직배치, 스크롤가능수직배치 5가지의 종류로 구성되어 있다.

• 수평배치 : 컴포넌트들이 수평으로 즉 좌우로 배치된다.

• 스크롤가능수평배치 : 수평배치와 동일하나 컴포넌트가 앱 화면을 넘어가면 자동으로 스크롤 기능이 추가된다.

• 표형식배치 : 자신이 원하는 행과 열에 컴포넌트를 배치 할 수 있다. 다음 그림과 같이 행과 열로 컴포넌트의 배치가 가능하다. 행열은 속성을 통해 늘리거나 줄일 수 있다. 표형식배치의 속성을 조절하여 행, 열 등의 수를 늘리거나 줄일 수 있다.

• 수직배치 : 컴포넌트들이 수직으로 배치된다. 즉 위아래로 배치한다.

• 스크롤가능수직배치 : 수직배치와 동일하나 컴포넌트가 앱 화면을 넘어가면 자동으로 스크롤 기능이 추가된다.

07 [컴포넌트]−[수평배치1]을 클릭한다. 속성값은 다음과 같이 설정한다.

- 높이 : 80픽셀로 설정한다. 픽셀은 보여주는 고정값으로 80 픽셀만큼 높이를 지정한다.
- 너비 : 부모 요소에 맞추기로 설정한다. 부모 요소로 맞추면 좌우로 보여지는 최대 크기로 맞춰진다. 스마트폰의 사이즈에 상관없이 자동으로 스마트폰의 좌우로 최대한의 크기로 맞추어진다.

08 사용자 인터페이스에서 목록선택버튼 2개를 끌어온다. 버튼은 값을 하나뿐이 가지지 못하지만 목록선택버튼을 여러 개의 값을 목록형태로 가질 수 있다. 값은 ',' 콤마로 구분되어진다. 우리가 목록선택버튼으로 버튼을 만드는 이유는 블루투스를 연결하거나 끊기 위한 버튼으로 블루투스 연결 또는 연결 끊기 시에 자신의 스마트폰에 연결된 여러 개의 블루투스를 목록으로 보여주기 위함이다.

09 컴포넌트에서 목록선택버튼1을 클릭한다. 컴포넌트 아래쪽에 이름 바꾸기를 클릭한다. 새 이름을 '연결하기'로 입력한 후 [확인]을 눌러 이름을 변경한다.

10 컴포넌트에서 [연결하기]를 클릭한다. 속성값을 다음과 같이 설정한다.

• 높이 : 부모 요소에 맞추기로 설정한다. 부모 요소는 수평배치1으로 높이는 수평배치1에서 설정된 80픽셀로 맞추어 진다.

• 너비 : 부모 요소에 맞추기로 설정한다. 부모 요소는 수평배치1으로 너비는 수평배치1에서 설정된 부모 요

소인 화면크기의 반으로 설정된다. 반으로 설정되는 이유는 수평배치1의 컴포넌트가 2개이기 때문이다.

• 텍스트 : 연결하기로 설정한다. 텍스트는 화면에 보여주는 이름으로 앱 실행 시 버튼의 이름으로 보여 진다.

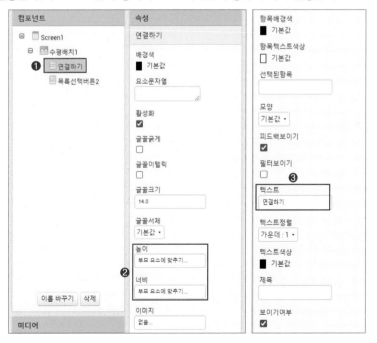

11 목록선택버튼2의 이름을 연결끊기로 바꾸어준다. 목록선택버튼2를 선택한 후 이름 바꾸기를 클릭하여 이름을 바꾸어준다.

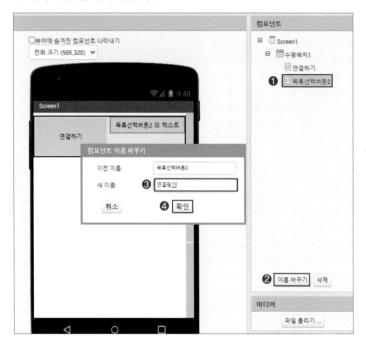

12 컴포넌트에서 [연결끊기]를 클릭한다. 속성값을 다음과 같이 설정한다.

* 높이 : 부모 요소에 맞추기로 설정한다.
* 너비 : 부모 요소에 맞추기로 설정한다.
* 텍스트 : 연결끊기로 설정한다.

13 레이아웃에서 수평배치를 끌어와 다음 그림과 같이 위치시킨다.

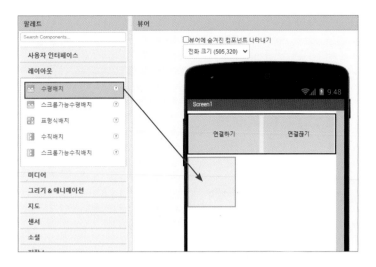

14 컴포넌트에서 수평배치2를 클릭한다. 속성값을 다음과 같이 설정한다.

• 높이 : 80픽셀, 너비 : 부모 요소에 맞추기로 설정

15 사용자 인터페이스에서 버튼을 끌어온다. 총 4개의 버튼을 만든다. 새로운 버튼을 끌어올 때 기존 버튼의 앞쪽으로 끌어온다. 이유는 버튼이 3개까지는 화면에 보여지지만 4개부터는 화면에 보여지지 않기 때문에 버튼을 앞쪽으로 끌어와 새로운 버튼을 만들어준다.

16 수평배치2안에 4개의 버튼이 추가되었다.

17 버튼4의 이름을 빨강으로 바꾼다.

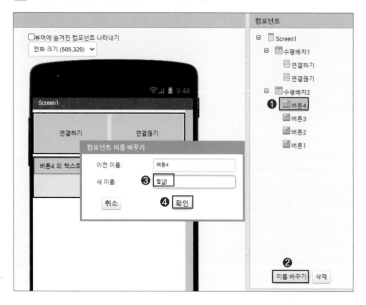

18 [빨강] 버튼의 속성을 다음과 같이 설정한다.

- 높이 : 부모 요소 맞추기
- 너비 : 부모 요소 맞추기
- 텍스트 이름 : 빨강. 텍스트
  색상: 버튼 이름과 동일한
  색상

19 나머지 버튼도 빨강, 노랑, 초록, 파랑 순으로 바꾸어준다.

20 사용자 인터페이스에서 알림을 끌어온다. 알림 컴포넌트는 앱을 실행했을 때 간단한 메시지를 띄울 수 있게 해준다.

21 알림 컴포넌트가 적용되면 화면 아래쪽에 알림 아이콘이 위치하고 컴포넌트에 추가된다.

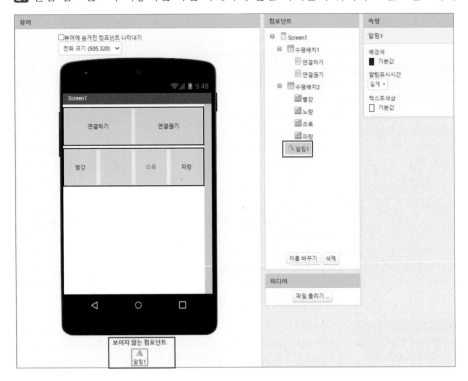

22 연결에서 블루투스 클라이언트를 끌어온다.

23 블루투스 클라이언트1 컴포넌트가 생성되었다.

24 화면 구성은 완성되었다. [블록] 버튼을 클릭하여 블록 화면으로 넘어가 프로그램을 작성해보자.

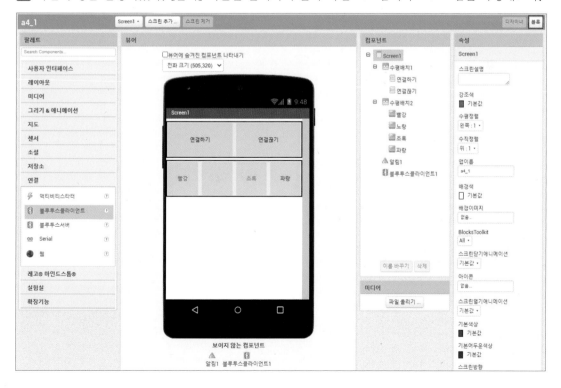

25 블록은 공통 블록과 사용자가 디자이너에서 구성된 블록으로 이루어져 있다. 연결하기 블록과 연결끊기 블록을 선택한 후에 뷰어 항목에서 버튼에 대한 기능을 고를 수 있다.

26 다음과 같이 블록을 구성한다. 연결하기 버튼을 선택 전에(연결하기 버튼을 클릭했을 때) 블루투스 클라이언트1의 주소와 이름을 불러온다. 불러온 이름은 목록으로 보여준다. 연결하기 버튼이 목록선택버튼으로 되어있다. 연결끊기 버튼을 선택 전에(연결끊기 버튼을 클릭했을 때) 블루투스 클라이언트1의 주소와 이름을 불러온다. 불러온 이름은 목록으로 보여준다. 연결하기 버튼이 목록선택버튼으로 되어있다. 목록선택 버튼을 클릭하면 .선택 전에 조건으로 들어온다. 이름이 선택 전이기 때문에 혼동될 수 있는데 한 번 클릭을 하면 여러 목록을 보여준 후 .선택 전에 조건으로 들어오고 항목을 선택 했을 때 비로소 .선택한 후에 항목으로 들어온다.

언제 연결하기 ▼ .선택전에
실행   지정하기 연결하기 ▼ . 요소 ▼ 값   블루투스클라이언트1 ▼ . 주소와이름 ▼

언제 연결끊기 ▼ .선택전에
실행   지정하기 연결끊기 ▼ . 요소 ▼ 값   블루투스클라이언트1 ▼ . 주소와이름 ▼

27 연결하기에 관련된 블록은 연결하기 블록에 위치하고 연결끊기에 관련된 블록은 연결끊기 블록에 위치시킨다. 그리고 블루투스 클라이언트1에 관련된 블록은 블루투스 클라이언트1에 위치시킨다.

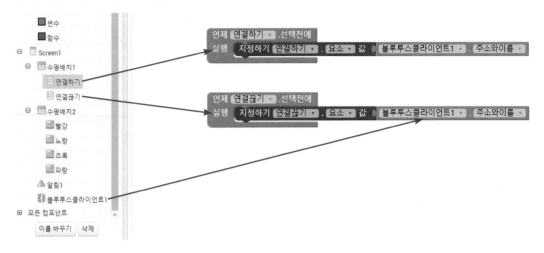

28 다음 그림과 같이 블록을 구성한다. 연결하기 선택한 후에(목록으로 보여진 블루투스 목록 중에 내가 선택한 블루투스 이름을 선택) 선택된 항목을 블루투스 클라이언트1으로 접속한다. 즉 내가 선택한 항목의 이름을 접속한다. 연결끊기 선택한 후에(목록으로 보여진 블루투스 목록 중에 내가 선택한 블루투스 이름을 선택) 블루투스가 연결되어있다면 선택된 항목의 블루투스 접속을 끊는다. 호출을 통해 정말로 연결을 끊을 것인지 물어본 후 사용자가 예를 선택하면 끊는다.

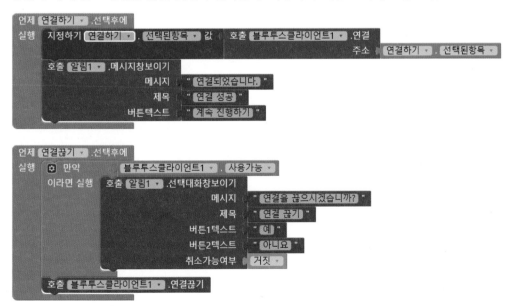

29 만약은 조건문으로 제어 블록에 있다. 빨강색 블록은 텍스트 블록에 있다.

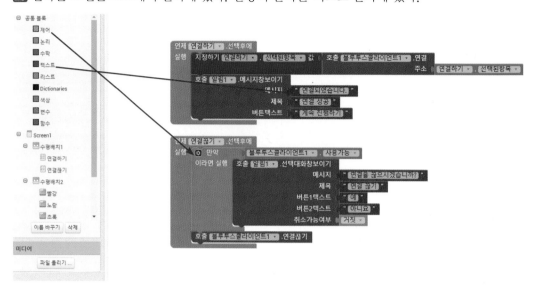

텍스트 블록에 빈 텍스트인 블록을 끌어온 후 안에 글자를 입력할 수 있다.

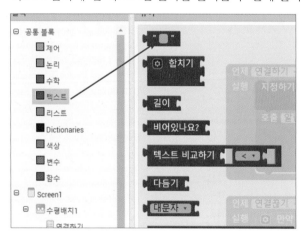

30 오류에 관한 처리 항목으로 블루투스 통신 에러가 발생하면 507, 515 등의 이름으로 발생한다. 507, 515 오류는 블루투스 통신이 꺼져 있거나 연결하지 발생되는 오류이다. 오류를 사용자에게 보여주는 블록이다. 조건은 만약 507, 515 에러가 발생하면 에러를 보여주고, 그 외에 오류가 발생하면 오류 번호를 보여주는 블록이다.

언제 [Screen1 ▾] .오류가발생했을때
[컴포넌트] [함수이름] [오류번호] [메시지]
실행 ⚙ 만약   [가져오기 [함수이름 ▾]] [= ▾] [507]
   이라면 실행 호출 [알림1 ▾] .메시지창보이기
                        메시지 " 연결 할 수 없습니다. 디바이스가 켜져있는지 확인해주세요. "
                        제목   " 연결 오류 507 "
                        버튼텍스트 " 확인 "
   아니고 만약   [가져오기 [함수이름 ▾]] [= ▾] [515]
   이라면 실행 호출 [알림1 ▾] .메시지창보이기
                        메시지 " 연결 할 수 없습니다. 디바이스가 켜져있는지 확인해주세요. "
                        제목   " 연결 오류 515 "
                        버튼텍스트 " 확인 "
   아니라면   호출 [알림1 ▾] .메시지창보이기
                        메시지 [가져오기 [메시지 ▾]]
                        제목   ⚙ 합치기 [가져오기 [메시지 ▾]]
                                    " 연결 오류 "
                        버튼텍스트 " 확인 "

31 Screen1 블록을 클릭하여 오류가 발생했을 때 블록을 가져온다. 오류가 발생하였을 때 조건으로 들어온다.

32 가져오기 함수 이름은 주황색 함수 이름 부분에 마우스를 가져다 대면 끌어올 수 있는 블록이 생긴다.

연두색 블록은 논리 블록이다.

논리 블록에서 선택 할 수 있다.

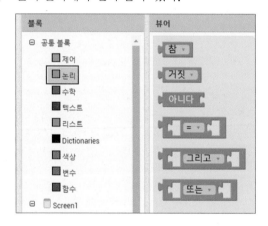

진한 파란색을 숫자를 입력할 때 사용한다.

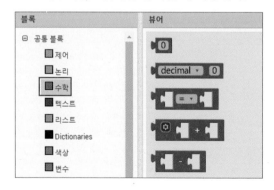

33 다음과 같은 블록을 만든다. [터치다운했을 때]는 버튼을 눌렀을 때 텍스트 'r'을 블루투스를 통해 전송한다. [터치업했을 때]는 버튼을 띄었을 때 텍스트 'o'를 블루투스를 통해 전송한다. 아두이노에서 'r'을 받으면 빨간색 LED만 켜지고 'o'를 받으면 모든 LED가 꺼진다. 버튼을 누르고 있을 때는 LED가 켜지고 버튼에서 손을 떼면 LED가 꺼진다.

34 빨강, 노랑, 초록, 파랑 블록을 완성한다. 빨강 터치다운은 'r', 노랑 터치다운은 'y', 초록 터치다운은 'g', 파랑 터치다운은 'b'이다. 터치업은 모두 'o'를 보낸다.

35 모든 블록을 완성하였다.

■ 완성 파일 : 자료제공\프로젝트\a4_1.aia

36 [연결]-[AI 컴패니언] 메뉴를 눌러 스마트폰에서 앱을 실행한다.

37 연결되어 앱이 실행되었다.

아두이노와 앱인벤터 연동 후 4개의 LED 제어하기

01 스마트폰에서 블루투스를 켠 후 찾기를 눌러 검색한다. 이름을 바꾸지 않았다면 HC-06으로 검색이 된다. 이름을 변경하였으면 바뀐 이름으로 검색된다.

02 비밀번호는 1234를 입력한다. HC-06 블루투스 모듈의 초기 비밀번호는 1234이다.

03 디바이스가 등록 되었다. 여기에 등록된 디바이스가 앱인벤터에서 [연결하기] 또는 [연결끊기] 버튼을 누르면 항목으로 보인다.

04 앱으로 돌아와서 [연결하기] 버튼을 누른다.

05 등록된 디바이스가 항목으로 보인다. 하나의 디바이스만 등록이 되어 하나의 항목으로 보인다.

06 연결이 정상적으로 되었으면 다음의 그림처럼 연결 성공이 된다. [계속 진행하기] 버튼을 눌러 진행한다.

07 빨강, 노랑, 초록, 파랑 버튼을 눌러서 LED가 켜지는지 확인한다. 누르고 있을 때 각각의 버튼에 맞는 명령어가 전송되어 LED가 켜져 있고 버튼을 떼었을 때는 'o' 명령어가 전송되어 모든 LED가 꺼진다.

08 각각의 버튼을 눌러 동작을 확인한다.

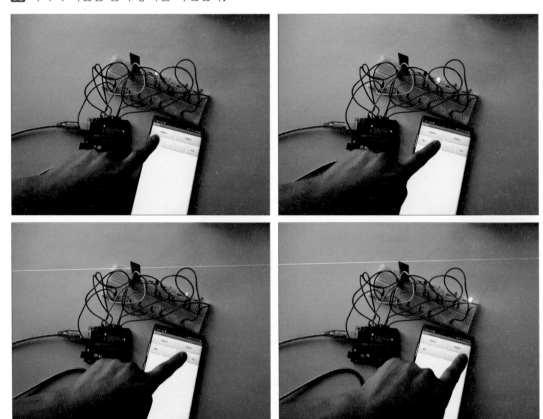

동작 동영상은 아래 링크에서 확인 가능하다.

• https://youtu.be/vav0LzClbB0

09 [연결 끊기] 버튼을 누르면 항목을 선택하는 창이 나오고 끊을 디바이스를 선택한다.

10 "연결을 끊으시겠습니까?" 알람 창이 나온 후 [예] 버튼을 누르면 블루투스 연결이 끊긴다.

04 _ 2 스위치를 눌러서 앱인벤터에 표현하기

학습목표
이전 단원에서는 앱인벤터에서 명령어를 전송하고 아두이노에서 명령어를 받아서 LED를 켜고 껐다. 요번 단원에서는 아두이노에서 스위치의 값을 입력 받아 앱인벤터로 값을 전송하고 전송받은 값을 앱인벤터에서 표현하는 방법을 배워보도록 한다.

아두이노 회로 연결 및 프로그램 작성하기

준비물

부품명	수량
HC-06 블루투스 모듈	1개
스위치	1개
10k옴(갈빨검검갈) 저항	1개
수-수 점퍼 케이블	8개

아두이노 회로 구성

다음은 프리징과 실제로 구성한 회로 그림이다.

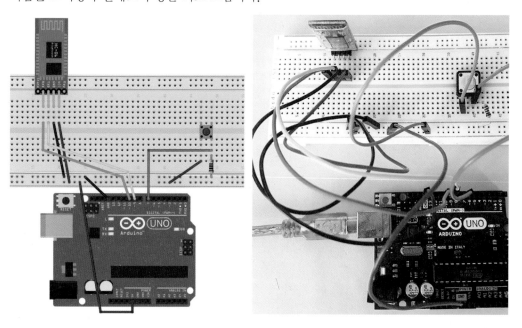

블루투스 통신 모듈의 VCC는 5V와 연결, GND는 GND와 연결, TX핀은 아두이노의 9번 핀에 연결, 스위치의 한쪽은 아두이노의 5V와 연결한다. 10k옴 저항은 스위치와 GND사이에 연결하고 10k옴 저항과 스위치가 연결된 부분은 아두이노의 7번 핀에 연결한다.

아두이노 코드 작성하기

01 다음과 같이 코드를 작성한다.

```
_4_2.ino
01      #include <SoftwareSerial.h>
02
03      SoftwareSerial btSerial = SoftwareSerial(9, 10);
04
05      int swPin =7;
06
07      void setup()
08      {
09       btSerial.begin(9600);
10       pinMode(swPin, INPUT);
11      }
12
13      void loop()
14      {
15       int switchState = digitalRead(swPin);
16
17       if (switchState ==1)
18       {
19              btSerial.println("sw On");
20       }
21       else if (switchState ==0)
22       {
23              btSerial.println("sw Off");
24       }
25       delay(300);
26      }
```

05 : swPin 변수에 7을 대입한다. 스위치가 연결된 핀이 7번이다.

10 : swPin은 입력으로 설정한다.

15 : swPin값을 읽어 switchState 변수에 대입한다.

17~20 : 스위치가 눌렸다면 'sw On'을 블루투스 시리얼 통신을 통해 전송한다.

21~24 : 스위치가 눌리지 않았다면 'sw Off'을 블루투스 시리얼 통신을 통해 전송한다.

25 : 0.3초 동안 기다린다.

02 업로드 버튼(⊙)을 눌러 아두이노에 프로그램을 업로드한다.

앱인벤터 프로그램으로 앱 만들기

01 새로운 프로젝트를 생성한다.

02 레이아웃에서 수평배치를 끌어와 위치시킨다.

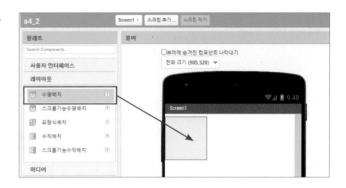

03 수평배치1의 속성값을 다음과 같이 설정한다.

- 높이 : 80픽셀 • 너비 : 부모 요소에 맞추기로 설정한다.

04 사용자 인터페이스에서 목록선택 버튼 2개를 끌어온다.

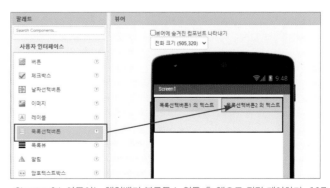

05 컴포넌트에서 목록선택버튼1을 선택한 후 이름을 '연결하기'로 바꾼다.

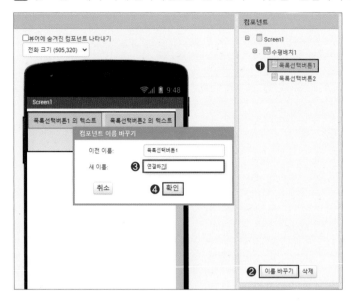

06 연결하기의 속성을 다음과 같이 설정한다.

• 글꼴굵게 : 체크 박스 선택, 높이: 부모 요소에 맞추기, 너비: 부모 요소에 맞추기, 텍스트: 연결하기

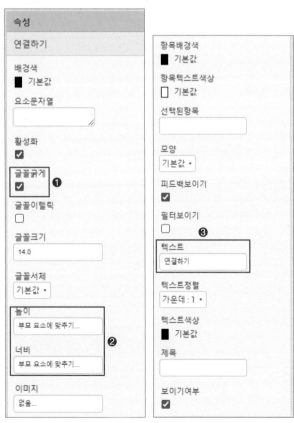

07 컴포넌트에서 목록선택버튼2의 이름을 '연결끊기'로 바꾼다.

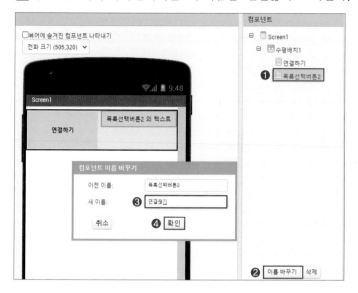

08 연결끊기 속성을 다음과 같이 설정한다.

- 글꼴굵게 : 체크 박스 선택
- 높이 : 부모 요소에 맞추기
- 너비 : 부모 요소에 맞추기
- 텍스트 : 연결끊기
- 텍스트색상 : 빨간색

09 연결하기 및 연결끊기의 글꼴이 굵게 표시되었고 연결끊기의
글자색은 빨강색으로 되었다.

10 레이아웃에서 수평배치를 끌어와 아래에 위치시킨다.

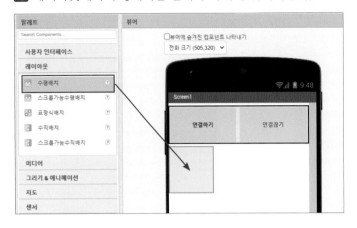

11 레이아웃2의 속성을 다음과 같이 설정한다.

- 수평정렬 : 가운데 3 좌우정렬을 가운데로 위치
- 수직정렬 : 가운데 2 위아래정렬을 가운데로 위치
- 높이 : 60
- 너비 : 부모 요소에 맞추기

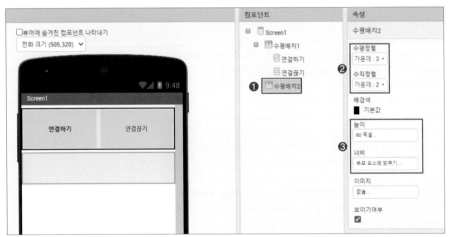

12 사용자 인터페이스에서 레이블을 끌어와 수평배치2안에 위치시킨다. 레이블은 텍스트를 볼 수 있는 뷰어이다. 수평배치2안에 위치하기 때문에 수평배치2안에 정렬에 따라 중간정렬이 된다.

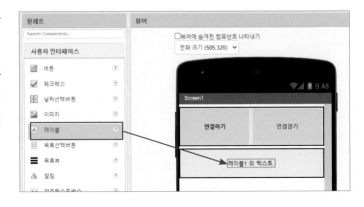

13 컴포넌트에서 레이블1을 선택한 후 이름을 '스위치 상태'로 바꾼다.

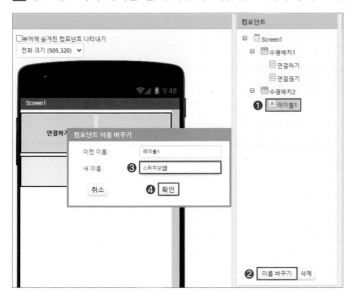

14 속성을 다음과 같이 설정한다.

- 텍스트 : 값을 비워둔다.

15 연결에서 블루투스 클라이언트를 끌어 위치시킨다.

16 아래쪽에 보이지 않는 컴포넌트에 블루투스 클라이언트1이 추가되었음을 확인할 수 있다.

17 센서에서 시계를 끌어와 위치시킨다. 시계는 일정시간마다 특정 기능을 실행할 수 있다. 이번에 만드는 앱에서는 일정시간마다 블루투스에서 값을 읽기 위한 타이머로 사용된다.

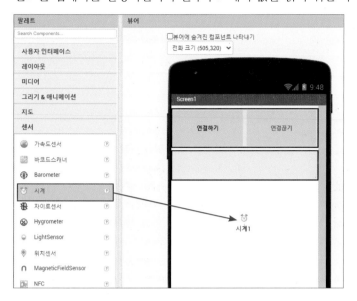

18 보이지 않는 컴포넌트에 시계1이 추가되었는지 확인한다. 시계의 속성에서는 타이머 간격을 조절하여 주기적으로 실행 시킬 수 있다. 기본값은 1000으로 되어 있는데 단위는 ms로 1000ms이면 1초이다.

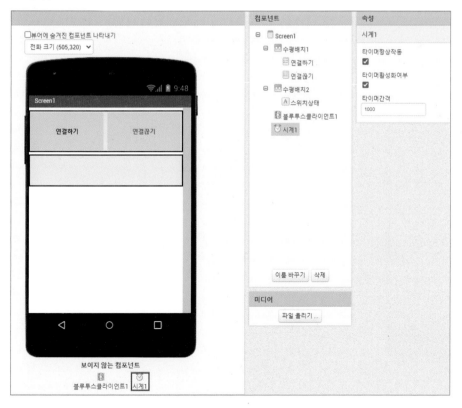

19 시계1의 속성에서 타이머 간격을 300으로 수정한다. 0.3초
마다 타이머를 실행시킨다.

20 사용자 인터페이스에서 알림을 끌어온다.

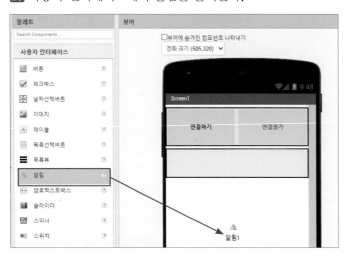

21 보이지 않는 컴포넌트에서 알림1이 추가되었는지 확인한다. 우측 상단 [블록] 버튼을 클릭하여
블록 모드로 이동한다.

22 블록 화면에서 아래 블록을 추가한다.

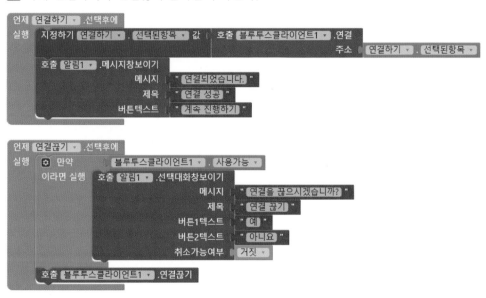

23 아래 연결하기와 연결끊기 블록을 추가한다.

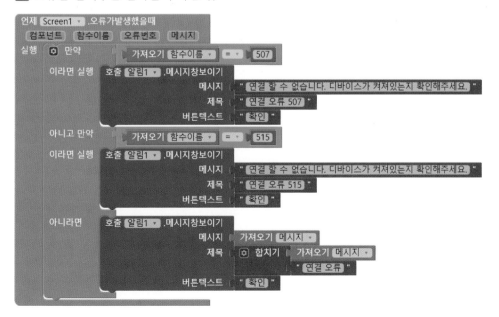

24 오류를 알려주는 블록을 추가한다.

25 시계1 타이머가작동할 때 블록을 추가한다. 타이머는 디자이너 속성에서 300으로 설정되어있으므로 0.3초마다 조건이 만족하여 동작한다. 0.3초마다 동작하여 블루투스가 연결되어 있다면 블루투스에서 값을 받아 스위치 상태 레이블에 표시한다.

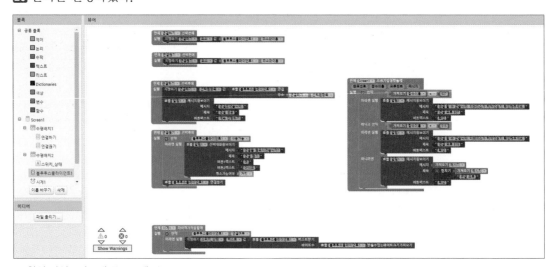

26 블록을 완성하였다.

■ 완성 파일 : 자료제공\프로젝트\a4_2.aia

배낭 활용하기

자주 사용하는 블록을 배낭에 넣어두면 배낭에서 필요할 때마다 꺼내 쓸 수 있다.

01 [언제 연결하기 선택 전에 블록]을 배낭에 드래그 하였다.

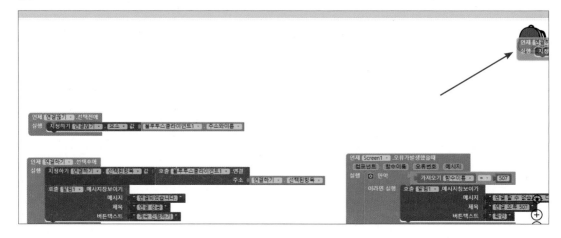

02 배낭을 클릭하면 방금 전에 넣었던 블록이 들어가 있는 것을 확인할 수 있다.

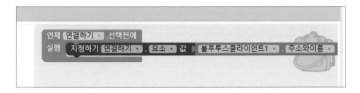

03 배낭에서 블록에 마우스 오른쪽을 눌러 [배낭에서 제거하십시오.] 메뉴를 클릭하면 제거할 수 있다.
또는 배낭 밖에서 배낭에 마우스 오른쪽을 눌러 배낭을 모두 비울수도 있다.

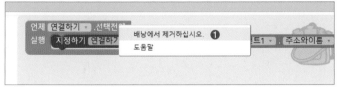

04 자주 사용하는 블루투스 기능을 배낭에 넣는다.

언제 연결하기 선택 전에

언제 연결끊기 선택 전에

언제 연결하기 선택한 후에

언제 연결하기 선택한 후에

언제 Screen1 오류가 발생하였을 때

위의 기능은 블루투스 연결에 필수적으로 필요한 기능으로 배낭에 넣어두어 빠르게 사용한다.

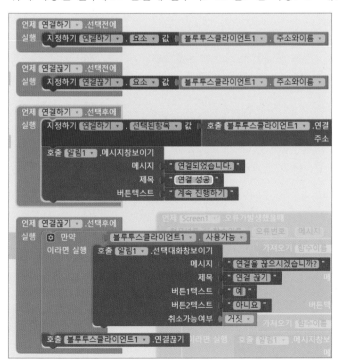

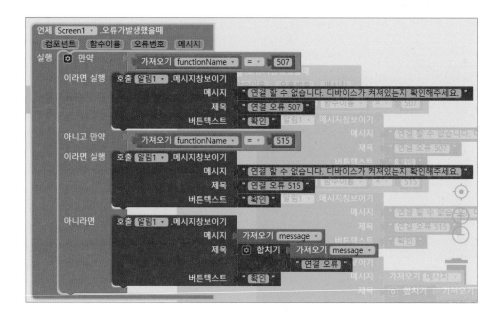

05 AI 컴패니언을 통해 스마트폰에서 앱을 실행한다.

아두이노와 앱인벤터 연동 후 스위치를 눌러 앱에 표시하기

01 앱을 실행하고 연결하기를 눌러 블루투스와 연결한다.

02 스위치를 누르지 않았을 때는 'sw Off' 글자가 출력되고, 스위치를 눌렀을 때는 'sw On' 글자가 출력된다.

03 동작 동영상은 아래 링크에서 확인 가능하다

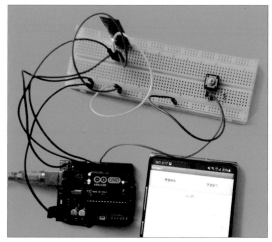 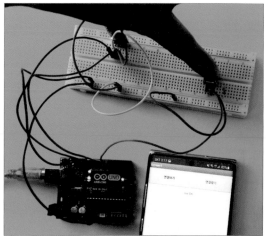

동작 동영상은 아래 링크에서 확인 가능하다.

· https://youtu.be/u54Fhqg_3us

04 _ 3 슬라이더로 서보모터 각도 제어하기

학습목표

앱인벤터의 슬라이더 기능을 활용하여 아두이노에 연결된 서보모터를 제어한다. SG90 서보모터의 경우 갈색–GND, 빨간색–5V,주황색–신호선(7번 핀에 연결) 이다. 전원부에 470uF 캐패시터를 필수로 연결해야 한다. 모터를 구동할 때 순간적으로 부족한 전류를 캐패시터에서 보충해준다. 캐패시터가 없다면 모터가 구동할 때 전류가 부족하여 블루투스의 통신이 끊겨 오동작을 한다.

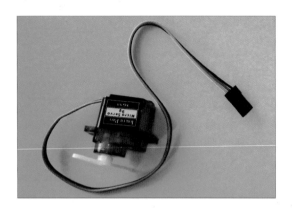

서보모터가 돌아가는 걸 확인하기 위해서 서보모터 날개를 조립한다.

 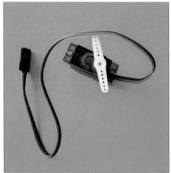

아두이노 회로 연결 및 프로그램 작성하기

준비물

부품명	수량
HC–06 블루투스 모듈	1개
SG90 서보모터	1개
470uF 콘덴서(긴다리 + .짧은다리 –)	1개
수–수 점퍼 케이블	9개

아두이노 회로 구성

다음은 프리징과 실제로 구성한 회로 그림이다.

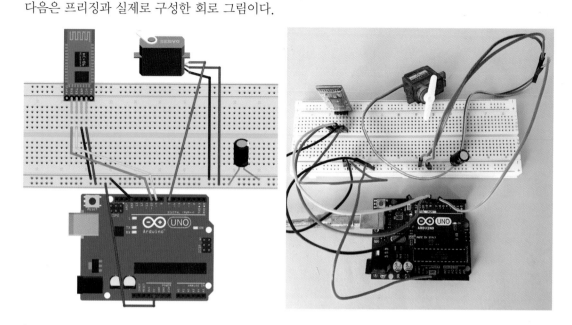

블루투스 통신 모듈의 VCC는 5V와 연결, GND는 GND와 연결, TX핀은 아두이노의 9번 핀에 연결,
서보모터의 갈색은 GND, 빨간색은 5V, 노란색은 아두이노의 7번 핀에 연결한다. 470uF의 캐패시
터는 브레드보드의 5V와 GND사이에 연결한다. 캐패시터의 긴다리가 +, 짧은다리가 -로 극성에
주의해서 연결한다. 반대로 연결할 경우 캐패시터가 터질 수 있다.

아두이노 코드 작성과 동작 결과 확인하기

01 다음과 같이 코드를 작성한다.

```
_4_3.ino
01    #include <Servo.h>
02    #include <SoftwareSerial.h>
03
04    SoftwareSerial btSerial = SoftwareSerial(9, 10);
05
06    Servo myservo;
07
08    void setup()
09    {
10      myservo.attach(7);
11      btSerial.begin(9600);
12    }
13
14    void loop()
15    {
```

```
16        if (btSerial.available() >0)
17        {
18                int btData = btSerial.read();
19
20                if (btData >=0 && btData <=180)
21                {
22                 myservo.write(btData);
23                 delay(15);
24                }
25        }
26    }
```

01 : 서보모터를 사용하기 위해 라이브러리를 추가한다.

06 : myservo 이름으로 서보모터를 사용한다.

10 : 7번 핀을 서보모터 사용핀으로 설정한다.

20 : 값이 0보다 크거나 180보다 작으면 조건에 만족한다. 서보모터의 회전각도가 0~180도 사이여서 그 외에 값을 받으면 무시한다.

22 : 서보모터의 각도를 설정한다.

23 : 15mS동안 기다린다. 너무 빨리 서보모터를 작동시키면 USB 전원이 부족하여 블루투스의 연결이 끊기므로 서보모터는 너무 빨리 제어하지 않는다.

02 업로드 버튼(⊕)을 눌러 아두이노에 프로그램을 업로드 한다.

앤인벤터 프로그램으로 앱 만들기

01 컴포넌트의 속성값을 다음과 같이 설정한다.

- 레이아웃 : 수평배치 (속성, 높이–80픽셀, 너비–부모 요소)
- 사용자 인터페이스 : 목록선택버튼 두 개
- 목록선택버튼1 : 이름 '연결하기'로 변경(속성, 글꼴굵게–체크, 높이–부모 요소, 너비–부모 요소, 텍스트–연결하기)
- 목록선택버튼2 : 이름 '연결끊기'로 변경(속성, 글꼴굵게–체크, 높이–부모 요소, 너비–부모 요소, 텍스트–연결끊기, 텍스트색상–빨강)

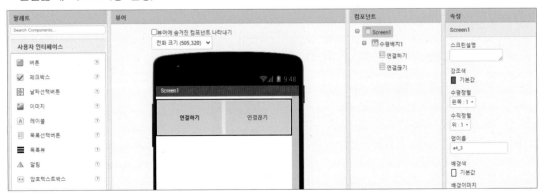

02 레이아웃에서 수평배치를 끌어 아래에 위치시킵니다.

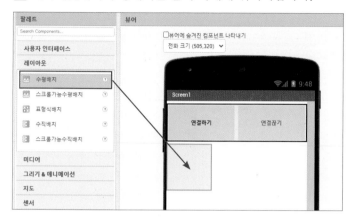

03 수평배치의 속성값을 다음과 같이 설정한다.

- 수평정렬 : 가운데 3, 수직정렬: 가운데 2, 높이 : 60픽셀, 너비 : 부모 요소에 맞추기

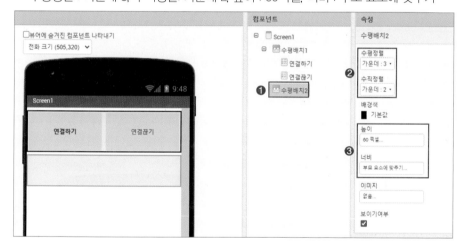

04 사용자 인터페이스에서 슬라이더를 수평배치2 안에 끌어 위치한다.

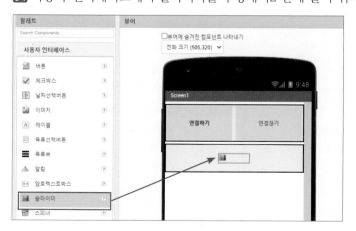

05 슬라이더의 속성값을 다음과 같이 설정한다.

- 너비 : 280 픽셀, 최대값 : 180, 최소값 : 0, 섬네일 위치 : 0

섬네일 위치는 처음에 시작 시 슬라이더가 위치하는 초기값이다.

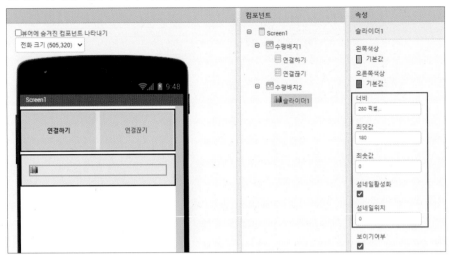

06 레이아웃에서 수평배치를 아래에 위치한다.

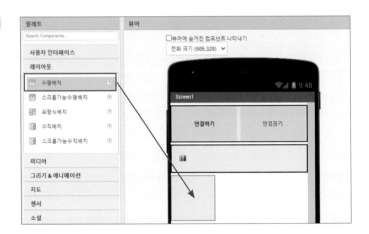

07 방금 위치한 수평배치3의 속성을 다음과 같이 설정한다.

- 수평정렬 : 가운데 3,
- 수직정렬 : 가운데 2,
- 높이 : 60,
- 너비 : 부모 요소에 맞추기

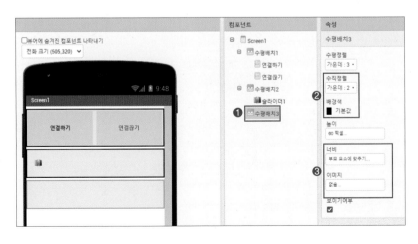

08 사용자 인터페이스에서 레이블을 수평배치3 안에 끌어 위치한다.

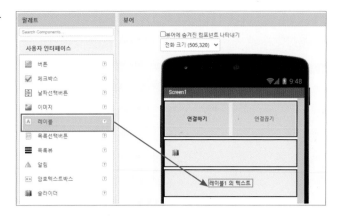

09 레이블1의 이름을 '서보모터 각도 값'으로 변경한다.

10 서보모터 각도 값 속성 값을 다음과 같이 설정한다.

- 텍스트값을 지워 비워두기

11 보이지 않는 컴포넌트에 블루투스 클라이언트, 시계, 알림을 추가한다.

- 연결 : 블루투스 클라이언트
- 센서 : 시계(속성)
- 타이머 간격 : 1000으로(기본값) 설정
- 사용자 인터페이스 : 알림

12 블록 화면으로 넘어가 블록코딩을 시작한다. 배낭을 열어 넣어두었던 블루투스 기본 기능들을 추가한다.

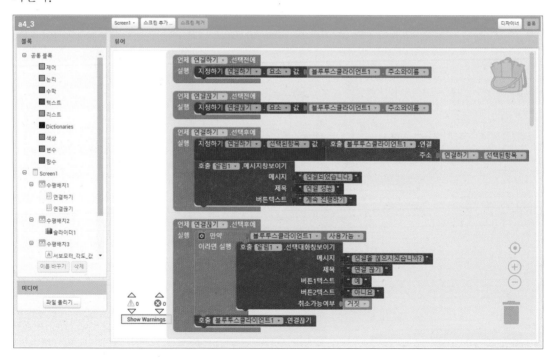

13 아래 블록들을 배낭에서 꺼내어 위치시킨다. 블루투스 통신을 사용하기 위한 기본 기능이다.

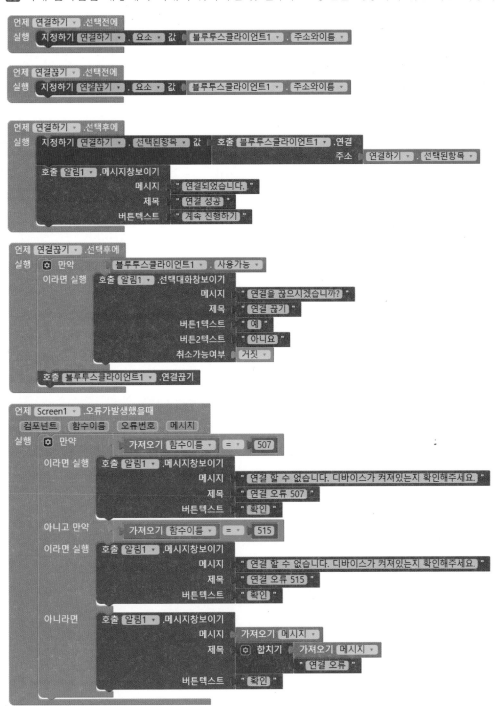

14 다음의 블록을 추가한다. 전역변수 만들기와, 지정하기 블록은 변수 블록에 위치시킨다. 가져오기 섬네일 위치는 [언제 슬라이더1.위치가변경되었을 때] 블록안에 주황색 [섬네일 위치]를 클릭하여 가져올 수 있다. 시계1 타이머는 1초마다 동작하여 조건을 실행한다. 너무 빨리 실행하면 모터의 전원이 많이 필요로 하여 다른 전원장치에 영향을 미쳐 정상적으로 동작하지 않는다. 예로 빨리 동작시 전원이 부족하여 블루투스 모듈의 연결이 끊기는 현상이 있다. 1초 보다 느리게 동작시켜야한다.

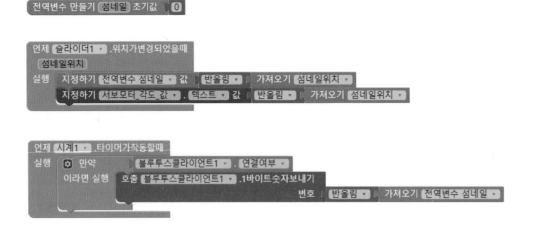

15 블록을 완성하였다.

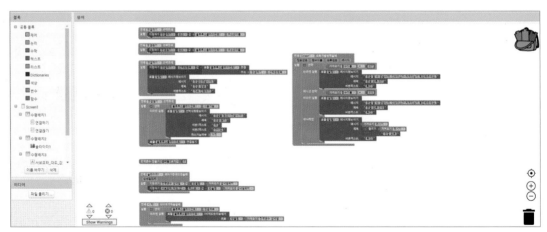

■ 완성 파일 : 자료제공\프로젝트\a4_3.aia

15 [연결]-[AI 컴패니언] 메뉴를 클릭하여 스마트폰에서 앱을 실행한다.

아두이노와 앱인벤터 연동 후 서보모터 각도 제어하기

01 실행된 앱은 다음과 같다.

02 가운데 슬라이드를 조절하여 값을 변경할 수 있다.

03 실제로 동작했을 때 모습이다. 다음 동영상 링크를 통해 동작 영상을 확인할 수 있다.

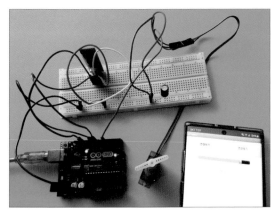 

동작 영상은 아래 링크에서 확인할 수 있다.

• https://youtu.be/O8JFbKYq86I

04 _ 4 FND에 숫자 표시하기

숫자를 표시할 수 있는 FND를 이용하여 앱인벤터에서 명령어를 받아 숫자를 표시한다. 아두이노의 여러 개의 포트제어를 명령어를 통해 제어하는 법을 알아본다.

아두이노 회로 연결 및 프로그램

준비물

부품명	수량
HC-06 블루투스 모듈	1개
FND	1개
220옴 저항	4개
수-수 점퍼 케이블	13개

FND는 A, B, C, D, E, F, G, DP의 8개의 LED로 구성되어 있다. 각각의 알파벳이 위치하는 LED의 위치는 다음 그림1과 같으며 DP는 점을 표시하는 LED이다. 다음 그림 2와 같이 숫자 1을 표시하고 싶다면 B, C의 LED는 켜고 나머지 LED를 끄면 된다. 그림 3과 같이 숫자 2를 표시하고 싶다면 A, B, G, E, D의 LED만 켜면 된다. 이처럼 FND는 7개의 LED를 제어하여 0~9까지의 숫자를 표현할 수 있다. DP는 제외한다.

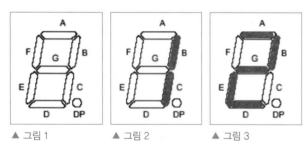

▲ 그림 1   ▲ 그림 2   ▲ 그림 3

FND가 연결된 핀의 번호는 다음 그림과 같다.

아두이노 회로 구성

다음은 프리징과 실제로 구성한 회로 그림이다.

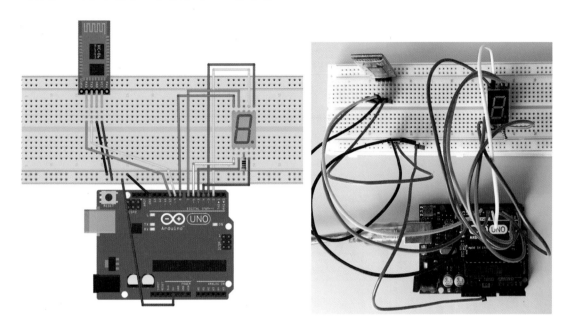

블루투스 통신 모듈의 VCC는 5V와 연결, GND는 GND와 연결, TX핀은 아두이노의 9번 핀에 연결, FND는 a, b, c, d, e, f, g 순서대로 아두이노 2, 3, 4, 5, 6, 7, 8번핀에 연결한다. dp는 FND에서 쩜으로 표시되므로 연결하지 않는다. com은 220옴 저항 하나를 사용하여 GND와 연결한다.

아두이노 코드 작성과 동작 결과 확인하기

01 다음과 같이 코드를 작성한다.

```
_4_4.ino
001     #include <SoftwareSerial.h>
002
003     int a =2;
004     int b =3;
005     int c =4;
006     int d =5;
007     int e =6;
008     int f =7;
009     int g =8;
010
011     SoftwareSerial btSerial = SoftwareSerial(9, 10); //TX,RX
012
013     void setup()
014     {
015      btSerial.begin(9600);
```

```
016
017        pinMode(a, OUTPUT);
018        pinMode(b, OUTPUT);
019        pinMode(c, OUTPUT);
020        pinMode(d, OUTPUT);
021        pinMode(e, OUTPUT);
022        pinMode(f, OUTPUT);
023        pinMode(g, OUTPUT);
024      }
025
026      void loop()
027      {
028       if (btSerial.available() >0)
029       {
030              int btData = btSerial.read();
031
032              if (btData == '1')
033              {
034               digitalWrite(a, LOW);
035               digitalWrite(b, HIGH);
036               digitalWrite(c, HIGH);
037               digitalWrite(d, LOW);
038               digitalWrite(e, LOW);
039               digitalWrite(f, LOW);
040               digitalWrite(g, LOW);
041              }
042              else if (btData == '2')
043              {
044               digitalWrite(a, HIGH);
045               digitalWrite(b, HIGH);
046               digitalWrite(c, LOW);
047               digitalWrite(d, HIGH);
048               digitalWrite(e, HIGH);
049               digitalWrite(f, LOW);
050               digitalWrite(g, HIGH);
051              }
052              else if (btData == '3')
053              {
054               digitalWrite(a, HIGH);
055               digitalWrite(b, HIGH);
056               digitalWrite(c, HIGH);
057               digitalWrite(d, HIGH);
058               digitalWrite(e, LOW);
059               digitalWrite(f, LOW);
060               digitalWrite(g, HIGH);
061              }
```

```
062            else if (btData == '4')
063            {
064              digitalWrite(a, LOW);
065              digitalWrite(b, HIGH);
066              digitalWrite(c, HIGH);
067              digitalWrite(d, LOW);
068              digitalWrite(e, LOW);
069              digitalWrite(f, HIGH);
070              digitalWrite(g, HIGH);
071            }
072            else if (btData == '5')
073            {
074              digitalWrite(a, HIGH);
075              digitalWrite(b, LOW);
076              digitalWrite(c, HIGH);
077              digitalWrite(d, HIGH);
078              digitalWrite(e, LOW);
079              digitalWrite(f, HIGH);
080              digitalWrite(g, HIGH);
081            }
082            else if (btData == '6')
083            {
084              digitalWrite(a, HIGH);
085              digitalWrite(b, LOW);
086              digitalWrite(c, HIGH);
087              digitalWrite(d, HIGH);
088              digitalWrite(e, HIGH);
089              digitalWrite(f, HIGH);
090              digitalWrite(g, HIGH);
091            }
092            else if (btData == '7')
093            {
094              digitalWrite(a, HIGH);
095              digitalWrite(b, HIGH);
096              digitalWrite(c, HIGH);
097              digitalWrite(d, LOW);
098              digitalWrite(e, LOW);
099              digitalWrite(f, HIGH);
100              digitalWrite(g, LOW);
101            }
102            else if (btData == '8')
103            {
104              digitalWrite(a, HIGH);
105              digitalWrite(b, HIGH);
106              digitalWrite(c, HIGH);
```

```
107              digitalWrite(d, HIGH);
108              digitalWrite(e, HIGH);
109              digitalWrite(f, HIGH);
110              digitalWrite(g, HIGH);
111            }
112            else if (btData == '9')
113            {
114              digitalWrite(a, HIGH);
115              digitalWrite(b, HIGH);
116              digitalWrite(c, HIGH);
117              digitalWrite(d, LOW);
118              digitalWrite(e, LOW);
119              digitalWrite(f, HIGH);
120              digitalWrite(g, HIGH);
121            }
122            else if (btData == '0')
123            {
124              digitalWrite(a, HIGH);
125              digitalWrite(b, HIGH);
126              digitalWrite(c, HIGH);
127              digitalWrite(d, HIGH);
128              digitalWrite(e, HIGH);
129              digitalWrite(f, HIGH);
130              digitalWrite(g, LOW);
131            }
132        }
133      }
```

02 업로드 버튼( )을 눌러 아두이노에 프로그램을 업로드한다.

앱인벤터 프로그램으로 앱 만들기

01 새로운 프로젝트를 생성한다.

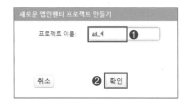

02 속성값을 다음과 같이 설정한다.

- 레이아웃 : 수평배치 (속성, 높이–80픽셀, 너비–부모 요소)
- 사용자 인터페이스 : 목록선택버튼 두 개

- 목록선택버튼1 : 이름 '연결하기'로 변경(속성, 글꼴굵게-체크, 높이-부모 요소, 너비-부모 요소, 텍스트-연결하기)
- 목록선택버튼2 : 이름 '연결끊기'로 변경(속성, 글꼴굵게-체크, 높이-부모 요소, 너비-부모 요소, 텍스트-연결끊기, 텍스트색상-빨강)

03 레이아웃에서 수평배치를 끌어 아래에 위치시킵니다.

04 방금 전에 위치한 컴포넌트인 수평배치2는 높이-20픽셀, 너비-부모 요소에 맞추기로 설정한다. 이 컴포넌트는 특별한 기능을 하지 않고 간격을 띄우기 위한 용도로만 사용한다.

05 레이아웃에서 수평배치를 끌어 아래쪽에 위치시킨다.

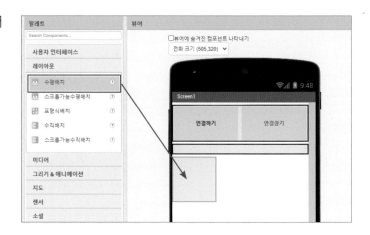

06 수평배치3의 속성을 다음과 같이 설정한다.

- 수평정렬 : 가운데 3, 수직정렬 : 가운데 2, 높이 : 자동, 너비 : 부모 요소에 맞추기

수평배치3 안에 있는 자식 요소들은 가운데 정렬이 되어 위치시킨다.

07 레이아웃에서 표형식배치를 끌어와 수평배치3안에 위치시킨다.

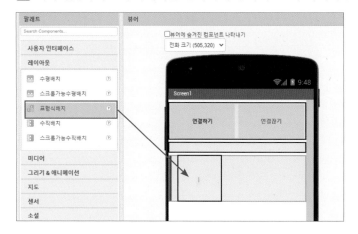

08 방금 전에 위치한 표형식배치는 부모 요소인 수평배치3이 가운데 정렬이 되어 표형식배치가 가운데에 위치하였다.

09 표형식배치1의 속성을 열-3, 행-4로 설정한다. 열은 가로방향을 의미하고, 행을 세로방향을 의미한다.

10 사용자 인터페이스에서 버튼을 끌어와 표형식배치1안에 위치시킨다. 3열, 4행으로 만들어서 총 12칸의 칸이 생겨있다.

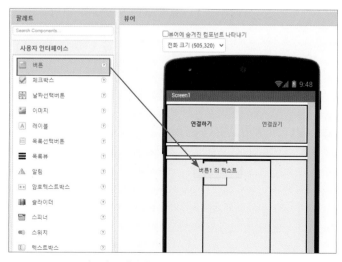

11 총 10개의 버튼을 표형식배치1에 위치시킨다. 0~9까지의 숫자를 표현하기 위한 10개의 버튼이다.

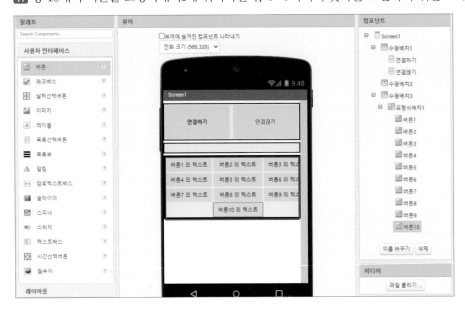

12 버튼1의 이름을 _1로 변경한다. 숫자만을 사용할 수 없어서 숫자 앞에 '_' 언더바를 붙인다.

13 _1 버튼의 속성값을 설정한다.

• 글꼴굵게 : 체크, 높이 : 자동, 너비 : 90픽셀, 텍스트: 1

14 나머지 버튼을 동일한 속성으로 다음 그림과 같이 설정한다.

- 이름변경 : _0~_9까지, 글꼴굵게 : 체크, 높이 : 자동, 너비 : 90픽셀, 텍스트: 각각의 번호에 맞는 텍스트

15 연결에 블루투스 클라이언트, 사용자 인터페이스에 알림을 추가한다.

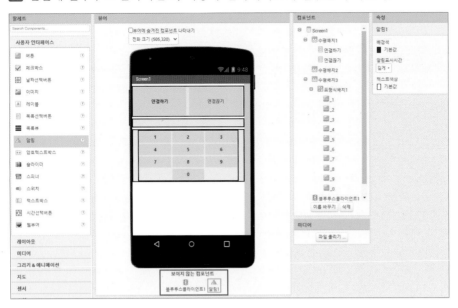

16 블록 화면으로 이동하여 프로그램을 진행한다.

17 블루투스를 사용하기 위해 아래 블록들을 추가한다.

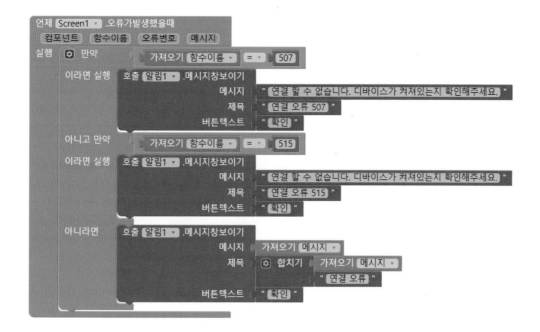

18 _1블록에서 _1클릭했을 때 블록을 찾아 위치시킨다. 클릭했을 때는 클릭하였을 때 조건이 만족하여 동작한다. 1버튼을 클릭했을 때 블루투스를 통해 1을 전송한다.

19 나머지 숫자블록을 완성한다. 0~9까지 총 10개의 블록이 생성되었다. 블록을 클릭했을 때 보내는 값은 0~9로 각각 틀리다.

20 블록을 완성하였다.

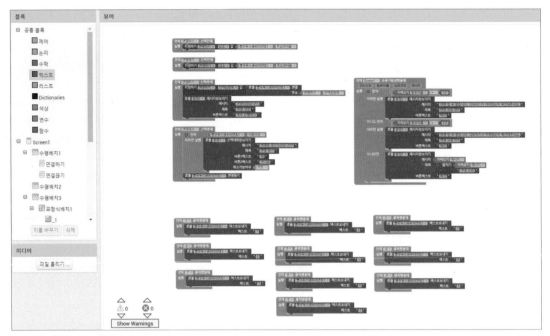

■ 완성 파일 : 자료제공\프로젝트\a4_4.aia

21 [연결]–[AI 컴패니언] 메뉴를 클릭하여 스마트에서 앱을 실행한다.

아두이노와 앱인벤터 연동 후 FND에 숫자 표시하기

01 앱이 실행되면 다음과 같은 화면이 나온다.

02 [연결하기] 버튼을 눌러 블루투스를 연결한다.

03 각각의 버튼을 눌러 FND에 숫자가 잘 표시되는지 확인한다.

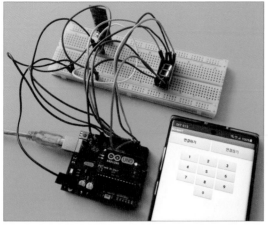 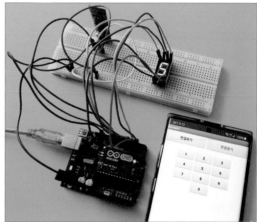

동작 동영상은 아래 링크에서 확인 가능하다

• https://youtu.be/AqDze_1oOpY

Arduino app Inventor

CHAPTER 05

아두이노와 앱인벤터 블루투스 심화 프로젝트

심화 프로젝트로서 센서 및 여러개의 부품을 활용하여 아두이노에서 회로 및 프로그램을 구성하고 앱인벤터와 서로 통신하여 제어한다. 초음파센서 활용, 음성입력으로 3색 LED 제어, 스위치를 눌러 음성출력의 프로젝트를 만들어 보면서 심화된 기능을 익힐 수 있다.

05 _ 1 초음파센서를 이용한 피아노 만들기

학습목표

심화된 프로젝트로 초음파센서를 이용하여 거리에 따라 소리가 도레미파솔 음계가 출력되는 피아노를 만들어 보자. 초음파센서의 원리를 익히고 앱인벤터에서는 미디어를 사용하여 음계를 출력하는 방법을 알아보도록 한다.

초음파센서의 원리는 초음파를 이용하여 거리를 측정한다. 음파는 2~20KHz의 소리 영역이고 초음파는 20KHz 이상 사람이 듣지 못하는 소리 대역을 초음파라고 불린다. 사람이 듣지 못하는 초음파 영역을 이용하지만 특성은 음파와 같기 때문에 거리를 측정하는 센서로 많이 사용되어진다. 자동차의 후방 주차센서가 대표적으로 많이 쓰인다. 초음파는 1초에 340m의 거리를 이동한다. trig 부분에서 짧은 초음파 신호를 발생시키고 echo에서 신호가 되돌아 오는 시간을 측정하면 거리를 알 수 있다. 예를 들어 신호를 발생시키고 1초 후에 신호가 되돌아 왔다면 초음파 신호는 340m

를 갔다가 온 것을 알 수 있다. 여기서 되돌아온 거리를 측정하기 위해서는 나누기2를 하면 대상까지의 거리를 알 수 있다. 340m/2 = 170m로 대상과의 거리는 170m이다. 우리가 다루는 아두이노는 빠르게 동작하기 때문에 초음파가 되돌아온 시간을 정확하게 측정하여 거리를 계산해 낼 수 있다.

아두이노 회로 연결 및 프로그램 작성하기

준비물

부품명	수량
HC-06 블루투스 모듈	1개
초음파센서 모듈	1개
수-수 점퍼 케이블	10개

아두이노 회로 구성

다음은 프리징과 실제로 구성한 회로 그림이다.

블루투스 모듈은 다음과 같이 연결한다. VCC는 브레드보드의 5V단자, GND는 브레드보드의 5V단자, TXD는 아두이노의 9번 핀, RXD는 아두이노의 10번 핀에 연결한다. 초음파센서 모듈은 다음과 같이 연결한다.

초음파센서 모듈은 다음과 같이 연결한다. VCC는 브레드보드의 5V단자, GND는 브레드보드의 5V단자, Trig는 아두이노의 7번 핀, Echo는 아두이노의 6번 핀에 연결한다.

아두이노 코드 작성과 동작 결과 확인하기

01 다음과 같이 아두이노 스케치 코드를 작성한다.

```
_5_1.ino
01    #include <SoftwareSerial.h>
02
03    SoftwareSerial btSerial = SoftwareSerial(9, 10);
04
05    int echo =6;
06    int trig =7;
07
08    void setup()
09    {
10     btSerial.begin(9600);
11     pinMode(trig, OUTPUT);
12     pinMode(echo, INPUT);
13    }
14
15    void loop()
16    {
17     digitalWrite(trig, HIGH);
18     delayMicroseconds(10);
19     digitalWrite(trig, LOW);
20
21     unsigned long duration = pulseIn(echo, HIGH);
22
23     float distanceCM = ((34000*duration)/1000000)/2;
24
25     if (distanceCM <=5 && distanceCM <15) btSerial.println("do");
26     else if (distanceCM <=15 && distanceCM <25) btSerial.println("le");
27     else if (distanceCM <=25 && distanceCM <35) btSerial.println("mi");
28     else if (distanceCM <=35 && distanceCM <45) btSerial.println("fa");
29     else if (distanceCM <=45 && distanceCM <55) btSerial.println("sol");
30     else btSerial.println("out");
31
32     delay(1000);
33    }
```

05 : echo 변수에 6을 대입한다.

06 : trig 변수에 7을 대입한다.

11 : trig 핀을 출력으로 설정한다.

12 : echo핀에 입력으로 설정한다.

17~19 : trig핀에 아주 짧은 펄스 신호를 보낸다. 초음파센서는 이 신호를 받아 초음파신호로 변환하여 출력한다.

17 : trig핀의 출력을 HIGH로 설정하여 핀의 상태를 0V로 한다.

18 : 10uS 동안 기다린다. 1uS는 0.000001초이다. 10uS 동안 기다리므로 0.00001초를 기다린다. 아주 짧은 시간동안 trig핀에 펄스 신호를 출력하기 위한 기다리는 시간이다.

19 : trig핀의 출력을 LOW로 설정하여 핀의 상태를 5V로 한다.

21 : echo핀이 HIGH 상태일 때까지 기다린 후 duration변수에 시간을 저장한다. 초음파센서에서 초음파신호를 입력 받으면 이 핀의 상태가 HIGH가 된다. pulseIn의 출력은 uS의 단위로 출력된다.

23 : 음파(초음파포함)는 1초에 340m를 이동한다.(단 온도가 25도일 때) 340m를 cm로 변환한 값인 34000을 duration 변수에 곱하고 duration 변수는 uS 단위이기 때문에 1초 단위로 바꾸기 위해 나누기 1000000을 한다. 그 후 초음파는 왕복된 시간을 출력하기 때문에 거리를 계산하기 위해 나누기 2를 한다. distanceCM 변수에는 거리값이 CM 단위로 변환되어 저장된다.

25~30 : 거리에 따라 블루투스 통신으로 값을 전송한다.

25 : 5cm보다 크거나 같고 15cm보다 작으면 'do'를 전송한다.

26 : 15cm보다 크거나 같고 25cm보다 작으면 'le'를 전송한다.

27 : 25cm보다 크거나 같고 35cm보다 작으면 'mi'를 전송한다.

28 : 35cm보다 크거나 같고 45cm보다 작으면 'fa'를 전송한다.

29 : 45cm보다 크거나 같고 55cm보다 작으면 'sol'를 전송한다.

30 : 그 외에 값이면 'out'을 전송한다.

32 : 1초 동안 기다린다. 1초마다 센서의 값을 읽어 전송하기 위함

02 업로드 버튼(⊙)을 눌러 아두이노에 프로그램을 업로드한다.

앱인벤터 프로그램으로 앱 만들기

01 [내 프로젝트]-[새 프로젝트 시작하기]를 클릭하여 새로운 프로젝트를 만든다.
이름은 'a5_1'로 입력한 후 [확인] 버튼을 클릭한다.

02 [레이아웃] 탭에서 [수평배치]를 끌어 위치시키고 사용자 인터페이스에서 목록 버튼 선택 2개를 끌어온 후 속성값을 다음과 같이 설정한다.

- 레이아웃 : 수평배치(속성, 높이-80픽셀, 너비-부모 요소)
- 사용자 인터페이스 : 목록선택버튼 두 개
- 목록선택버튼1 : 이름 '연결하기'로 변경(속성, 글꼴굵게-체크, 높이-부모 요소, 너비-부모 요소, 텍스트-연결하기)
- 목록선택버튼2 : 이름 '연결끊기'로 변경(속성, 글꼴굵게-체크, 높이-부모 요소, 너비-부모 요소, 텍스트-연결끊기, 텍스트 색상-빨강)

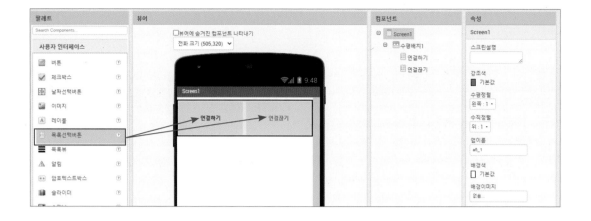

03 [레이아웃]에서 [수평배치]를 끌어 뷰어에 위치하고 속성을 다음과 같이 설정한다.

- 수평정렬 : 가운데 3, 수직정렬 : 가운데 2, 높이 : 50픽셀, 너비 : 부모 요소에 맞추기...

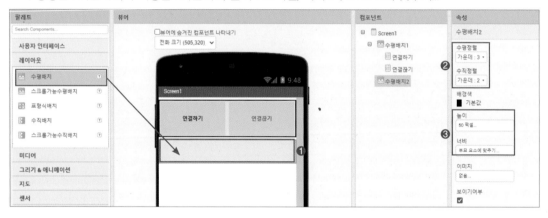

04 [사용자 인터페이스]에서 [레이블]을 하나 끌어와 수평배치2 안에 위치시킨 후 속성을 다음과 같이 설정한다.

- 텍스트 : 음계

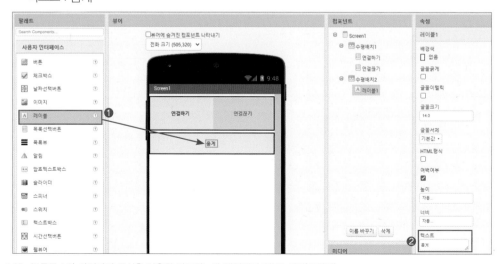

05 [레이아웃]에서 [수평배치]를 끌어 뷰어에 위치하고 속성을 다음과 같이 설정한다.

- 수평정렬 : 가운데 3, 수직정렬 : 가운데 2, 높이 : 50픽셀, 너비–부모 요소에 맞추기...

06 [사용자 인터페이스]에서 [레이블]을 하나 끌어와 수평배치3안에 위치시킨 후 컴포넌트 이름을 '결과'로 변경한다. 그 후 속성을 다음과 같이 설정한다.

- 텍스트 : " 아무글자를 입력하지 않고 비워둔다.

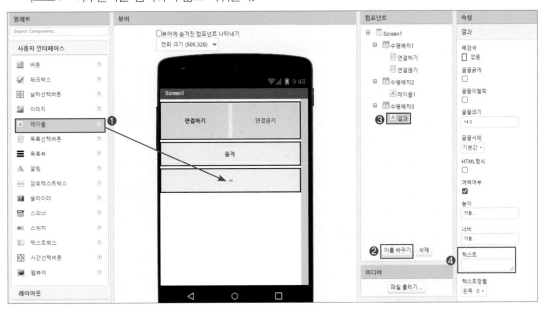

07 보이지 않는 컴포넌트를 추가한다. [연결]–[블루투스 클라이언트], [센서]–[시계], [사용자 인터페이스]–[알림], [미디어]–[소리] 소리는 5개를 추가한다.

08 [컴포넌트]에서 소리1~5의 이름을 소리1_도, 소리2_레, 소리3_미, 소리4_파, 소리5_솔 로 변경한다.

09 [미디어]-[파일 올리기...] 버튼을 클릭한 후 [파일 선택] 버튼을 클릭한다.

10 [제공자료]-[챕터5.피아노 음계] 폴더에 접속한다.

11 1_do.mp3 파일을 선택한다.

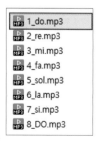

12 파일 선택한 후 [확인] 버튼을 누른다.

13 [미디어]에서 1_do.mp3 파일이 추가된 것을 확인할 수 있다.

14 파일 올리기를 반복하여 도, 레, 미, 파, 솔 파일을 추가한다.

15 [컴포넌트]에서 소리1 컴포넌트를 클릭 후 속성값에서 소스 부분을 클릭한다. 1_do.mp3 파일을
선택한 후 [확인] 버튼을 클릭한다.

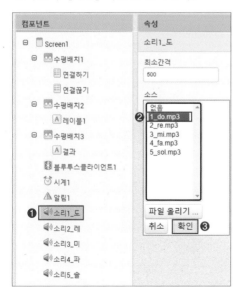

16 [속성]에서 [소스] 값이 선택되었다면 선택된 이름이 보인다.

17 나머지 레, 미, 파, 솔도 자신의 음계에 맞는 소스 파일을 선택한다.

18 앱인벤터에서 [디자이너]는 마치고 [블록]을 클릭하여 프로그램을 진행한다.
다음의 블루투스 연결관련 블록들을 만든다.

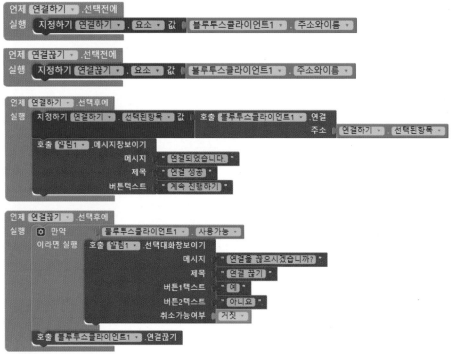

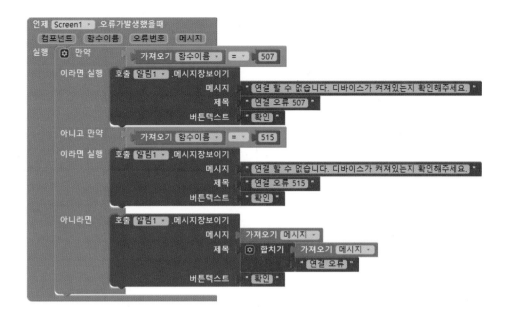

시계1.타이머가작동할 때 블록을 끌어 위치한 후 다음의 블록을 완성한다. 시계1의 타이머는 1초마다 한번 동작한다. 1초마다 블루투스가 연결되어있는지 확인 후 연결되어 있다면 [결과] 컴포넌트에 블루투스로 받은 데이터를 보여준다.

TIP 시리얼 모니터 창 구성

시계1 타이머는 1초마다 동작된다. 이 동작을 결정하는 속성은 [디자이너]에서 시계의 타이머 간격에 따라 결정된다. 1000으로 설정되어 있다면 1초이다.

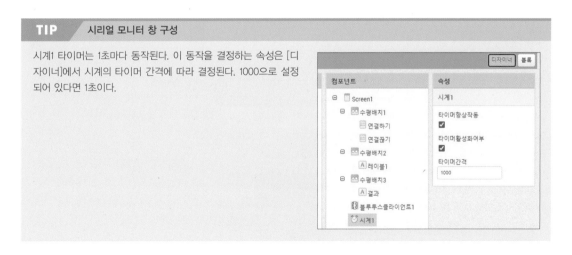

19 [만약 이라면 실행]블록에서 [⚙] 톱니바퀴 모양을 클릭한다.

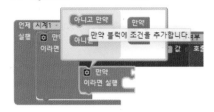

20 [아니고 만약] 블록을 드래그하여 넣는다. 4개를 추가하여 넣는다.

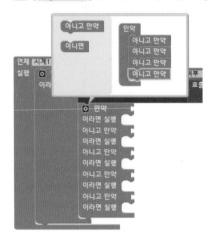

21 다음의 블록을 완성한다.

'do'의 글자가 포함되었으면 소리에서 도를 출력하고 'le'의 글자가 포함되었으면 소리에서 레를 출력하고 'mi'의 글자가 포함되었으면 소리에서 미를 출력하고 'fa'의 글자가 포함되었으면 소리에서 파를 출력하고 'sol'의 글자가 포함되었으면 소리에서 솔를 출력한다.

22 모든 블록을 완성하였다.

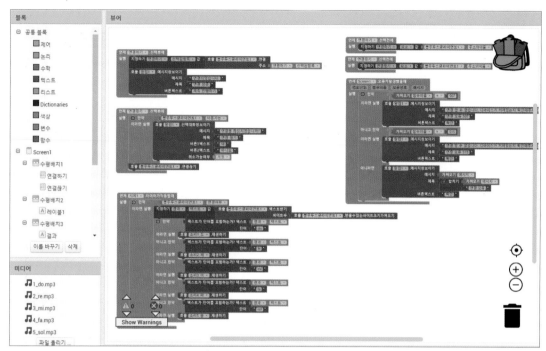

- 완성 파일 : 자료제공\프로젝트\a5_1 .aia

아두이노와 앱인벤터 연동 후 초음파센서를 이용해 피아노 음계 출력하기

01 [연결]-[AI 컴패니언] 메뉴를 눌러 실행하여 스마트폰과 연결시킨다.

02 결과를 확인한다. 다음은 앱을 처음 실행하면 나타나는 초기 화면이다. [앱을실행한다.] -[연결하기]를 누른다. 등록된 블루투스 통신 모듈을 선택한 후 연결한다.

03 초음파센서가 감지범위 밖으로 나갔을 때 'out' 이 출력된다.

04 초음파 센서가 감지거리 안에 있으면 음계가 표시되고 소리가 출력된다.

05 손바닥으로 초음파센서를 가려 음계 출력을 한다.

동작 동영상은 아래 링크에서 확인 가능하다

· https://youtu.be/c6ZxabLk2Wg

05 _ 2 음성인식을 이용하여 RGB LED 제어하기

아두이노 회로 연결 및 프로그램

준비물

부품명	수량
HC-06 블루투스 모듈	1개
RGB LED 모듈	1개
수-수 점퍼 케이블	10개

아두이노 회로 구성

다음과 같이 아두이노 회로를 구성한다.

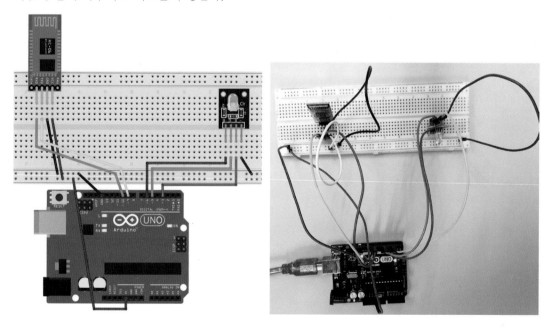

블루투스 모듈은 다음과 같이 연결한다. VCC는 브레드보드의 5V 단자, GND는 브레드보드의 홍 단자, TXD는 아두이노의 9번 핀, RXD는 아두이노의 10번 핀에 연결한다. 초음파센서 모듈은 다음과 같이 연결한다.

RGB LED 모듈은 다음과 같이 연결한다. R은 아두이노의 6번 핀, G는 아두이노의 5번 핀, B는 아두이노의 3번 핀에, GND는 브레드보드의 GND 단자에 연결한다.

아두이노 코드 작성과 동작 결과 확인하기

01 다음과 같이 코드를 작성한다.

```
_5_2.ino
01    #include <SoftwareSerial.h>
02
03    SoftwareSerial btSerial = SoftwareSerial(9, 10);
04
05    int redLed =6;
06    int greenLed =5;
07    int blueLed =3;
08
09    void setup()
10    {
11     btSerial.begin(9600);
12     pinMode(redLed, OUTPUT);
13     pinMode(greenLed, OUTPUT);
14     pinMode(blueLed, OUTPUT);
15    }
16
17    void loop()
18    {
19     if(btSerial.available() >0 )
20     {
21            String strData = btSerial.readStringUntil( '\n' );
22
23            if(strData.startsWith( "REDON" ) ==1)
24            {
25             digitalWrite(redLed, HIGH);
26            }
27            else if(strData.startsWith( "REDOFF" ) ==1)
28            {
29             digitalWrite(redLed, LOW);
30            }
31            else if(strData.startsWith( "GREENON" ) ==1)
32            {
33             digitalWrite(greenLed, HIGH);
34            }
35            else if(strData.startsWith( "GREENOFF" ) ==1)
36            {
37             digitalWrite(greenLed, LOW);
38            }
39            else if(strData.startsWith( "BLUEON" ) ==1)
40            {
41             digitalWrite(blueLed, HIGH);
42            }
```

```
43              else if(strData.startsWith(" BLUEOFF ") ==1)
44              {
45               digitalWrite(blueLed, LOW);
46              }
47          }
48      }
```

05~07 : 각각 LED 변수를 만들고 핀 번호를 대입한다.

12~14 : LED에 사용하는 핀을 출력으로 설정한다.

21 : btSerial.readStringUntil('\n');은 '\n'이 입력될 때까지 String 타입의 strData 변수에 저장된다. '\n'을 만날 때까지 문자열을 저장한다. '\n'은 줄바꿈의 표시로 키보드의 엔터키를 눌렀을 때와 같다. 종료 문자로 많이 사용한다.

23 : strData.startsWith('REDON') 시작하는 문자열을 비교해서 'REDON'이 맞다면 1을 반환하고 맞지 않다면 0을 반환한다.

23~25 : 'REDON' 문자열을 입력받았다면 redLed 핀의 출력을 HIGH로 설정한다. 빨간색 LED를 켠다.

27~29 : 'REDOFF' 문자열을 입력받았다면 redLed 핀의 출력을 LOW로 설정한다. 빨간색 LED를 끈다.

31~33 : 'GREENON' 문자열을 입력받았다면 greenLed 핀의 출력을 LOW로 설정한다. 녹색 LED를 켠다.

35~37 : 'GREENOFF' 문자열을 입력받았다면 greenLed 핀의 출력을 LOW로 설정한다. 녹색 LED를 끈다.

39~42 : 'BLUEON' 문자열을 입력받았다면 blueLed 핀의 출력을 LOW로 설정한다. 파란색 LED를 켠다.

43~46 : 'BLUEOFF' 문자열을 입력받았다면 blueLed 핀의 출력을 LOW로 설정한다. 파란색 LED를 끈다.

02 업로드 버튼(⊙)을 눌러 아두이노에 프로그램을 업로드한다.

앱인벤터 프로그램으로 앱 만들기

01 [내 프로젝트]−[새 프로젝트 시작하기]를 클릭하여 새로운 프로젝트를 만든다. 이름은 'a5_2'로 입력한 후 [확인] 버튼을 클릭한다.

02 속성값을 다음과 같이 설정한다.

- 레이아웃 : 수평배치(속성, 높이−80픽셀, 너비−부모 요소)

- 사용자 인터페이스 : 목록선택버튼 두 개

- 목록선택버튼1 : 이름 '연결하기'로 변경(속성, 글꼴굵게−체크, 높이−부모 요소, 너비−부모 요소, 텍스트−연결하기)

- 목록선택버튼2 : 이름 '연결끊기'로 변경(속성, 글꼴굵게−체크, 높이−부모 요소, 너비−부모 요소, 텍스트−연결끊기, 텍스트색상−빨강)

03 [레이아웃]에서 [수평배치]를 끌어와 뷰어에 위치시킨다. [수평배치2]의 속성을 다음과 같이 설정한다.

- 수평정렬 : 가운데 3, 수직정렬 : 가운데 2, 높이 : 80픽셀, 너비 : 부모 요소에 맞추기

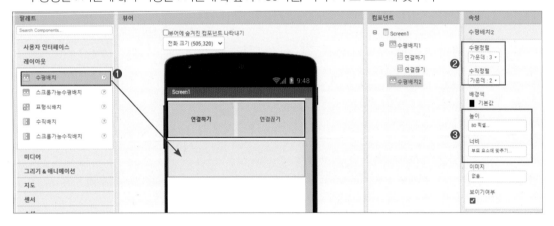

04 [사용자 인터페이스]에서 [버튼]을 끌어 뷰어의 [수평배치2]안에 위치시킨다. 컴포넌트의 이름을 [음성인식]으로 변경한다. [음성인식] 버튼의 속성을 다음과 같이 설정한다.

- 높이 : 부모 요소에 맞추기, 너비 : 100픽셀

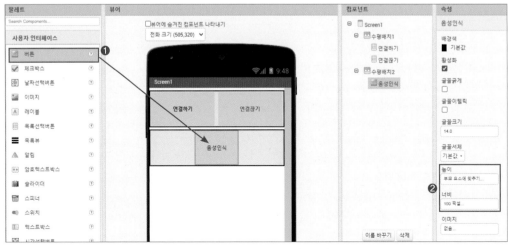

05 [레이아웃]에서 [수평배치]를 끌어와 뷰어에 위치시시키고 [수평배치3]의 속성을 다음과 같이 설정한다.

- 수평정렬 : 가운데 3, 수직정렬 : 가운데 2, 높이 : 50픽셀, 너비 : 부모 요소에 맞추기

06 [사용자 인터페이스]에서 [레이블]을 끌어와 뷰어의 [수평배치3]안에 위치시킨다.

컴포넌트의 이름을 [결과값]으로 변경하고 [결과값]의 속성값을 다음과 같이 설정한다.

- 텍스트 : '' 비워두기

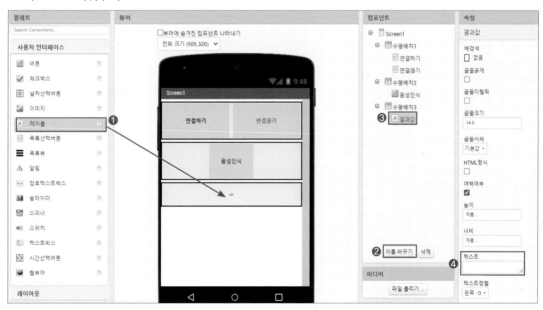

07 보이지 않는 컴포넌트들을 뷰어에 위치시킨다. [연결]-[블루투스 클라이언트], [사용자인터페이스]-[알림], [미디어]-[음성인식]을 끌어 뷰어에 위치시킨다.

08 이제 [뷰어]로 이동하여 코딩을 진행한다. 다음의 블루투스 연결관련 블록들을 완성한다.

```
언제 연결하기 .선택전에
실행   지정하기 연결하기 . 요소 . 값   블루투스클라이언트1 . 주소와이름

언제 연결끊기 .선택전에
실행   지정하기 연결끊기 . 요소 . 값   블루투스클라이언트1 . 주소와이름

언제 연결하기 .선택후에
실행   지정하기 연결하기 . 선택된항목 . 값   호출 블루투스클라이언트1 .연결
                                            주소   연결하기 . 선택된항목
       호출 알림1 .메시지창보이기
                    메시지   " 연결되었습니다. "
                    제목   " 연결 성공 "
                    버튼텍스트   " 계속 진행하기 "

언제 연결끊기 .선택후에
실행   ⚙ 만약         블루투스클라이언트1 . 사용가능
       이라면 실행   호출 알림1 .선택대화창보이기
                          메시지   " 연결을 끊으시겠습니까? "
                          제목   " 연결 끊기 "
                          버튼1텍스트   " 예 "
                          버튼2텍스트   " 아니요 "
                          취소가능여부   거짓
       호출 블루투스클라이언트1 .연결끊기

언제 Screen1 .오류가발생했을때
   컴포넌트   함수이름   오류번호   메시지
실행   ⚙ 만약         가져오기 함수이름 . = . 507
       이라면 실행   호출 알림1 .메시지창보이기
                          메시지   " 연결 할 수 없습니다. 디바이스가 켜져있는지 확인해주세요. "
                          제목   " 연결 오류 507 "
                          버튼텍스트   " 확인 "
       아니고 만약   가져오기 함수이름 . = . 515
       이라면 실행   호출 알림1 .메시지창보이기
                          메시지   " 연결 할 수 없습니다. 디바이스가 켜져있는지 확인해주세요. "
                          제목   " 연결 오류 515 "
                          버튼텍스트   " 확인 "
       아니라면   호출 알림1 .메시지창보이기
                          메시지   가져오기 메시지
                          제목   ⚙ 합치기   가져오기 메시지
                                          " 연결 오류 "
                          버튼텍스트   " 확인 "
```

09 [언제 음성인식.클릭했을 때] 텍스트는 값을 비우고 [호출 음성인식1.텍스트가져오기]를 호출한다.

```
언제 음성인식 .클릭했을때
실행   지정하기 결과값 . 텍스트 . 값   " "
       호출 음성인식1 .텍스트가져오기
```

10 아래 블록을 완성한다. 음성인식에서 텍스트를 가져온 후 실행되는 블록이다. [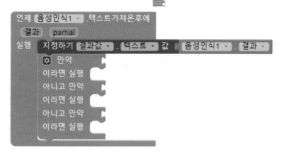] 블록에서

톱니바퀴모양을 클릭 후 [ ] 아니고 만약 블록을 두 개 넣었다.

11 다음의 블록을 완성한다. 빨간색, 녹색, 파란색 문자를 구분하는 조건문이다.

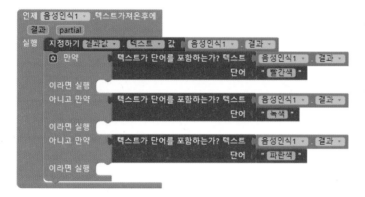

12 다음의 블록을 완성한다. 빨간색, 녹색, 파란색을 분류 후 에 '꺼' 와 '켜'를 구분하기 위한 조건문이다.

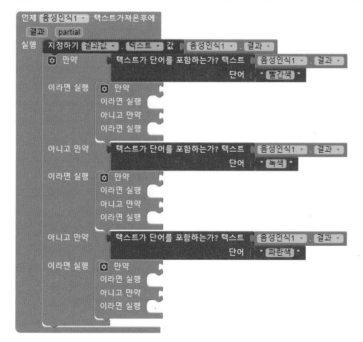

13 '켜'와 '꺼'를 구분할 수 있는 조건을 추가하였다.

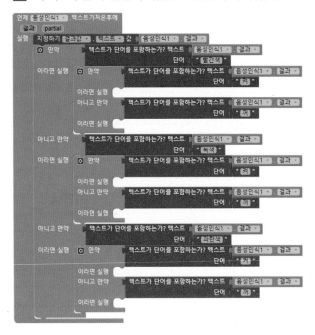

14 블루투스 클라이언트로 텍스트를 보내는 블록을 추가하였다.

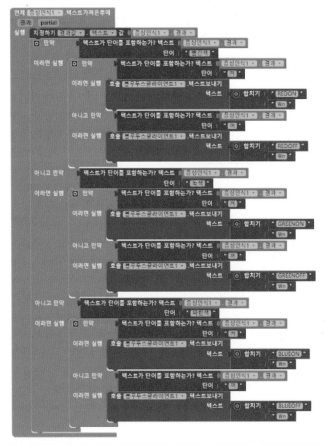

15 빨간색 부분을 확대하였다. 빨간색 LED '켜' 가 인식이 되었다면 'REDONWn'이 블루투스를 통해 보내지게 된다. 'Wn'은 키보드의 엔터키 역할을 하여 데이터가 끝났음을 의미한다. 앱인벤터에서 [● ＂Wn＂] 로 보여지는 이유는 앱인벤터의 'Wn'의 표시방식 차이가 있어서 이다.

첫 번째 '만약'에서 '빨간색'을 구분하고 다음번 '만약'아니고 '만약'에서는 '켜'와 '꺼'를 구분한다.

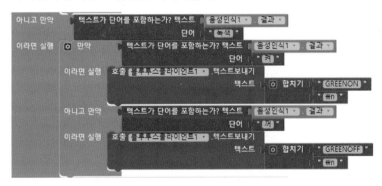

녹색을 구분하는 조건문을 확대하였다.

파란색을 구분하는 조건문을 확대하였다.

16 모든 블록을 완성하였다.

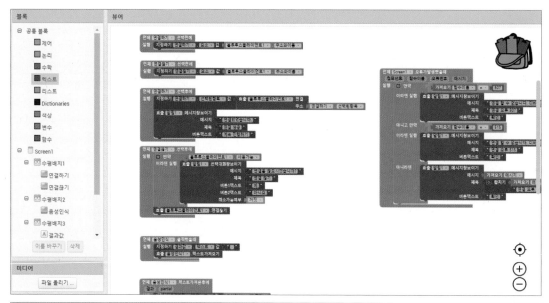

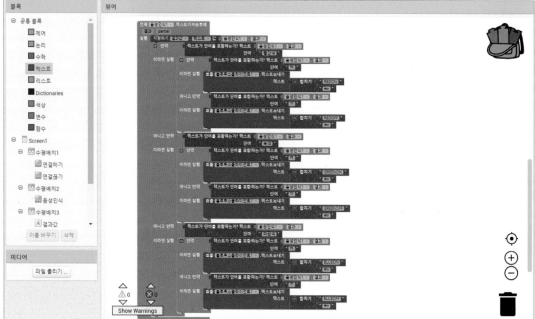

■ 완성 파일 : 자료제공\프로젝트\a5_2.aia

아두이노와 앱인벤터 연동 후 음성인식 결과로 LED 제어하기

01 이제 [연결]-[AI 컴패니언] 메뉴를 클릭하여 스마트폰과 연결한다.

02 앱을 실행한다. 다음은 앱을 실행했을 때 화면이다. [연결하기] 버튼을 클릭하여 블루투스 모듈과 연결한다.

03 [음성인식] 버튼을 누르면 Google 음성인식 서비스가 활성화 된다. 빨간색 LED 켜, 빨간색 LED 꺼, 녹색 LED 켜, 녹색 LED 꺼, 파란색 LED 켜, 파란색 LED 꺼를 각각 말해보고 동작을 확인한다.

▲ 빨간색 LED 켜

04 '빨간색 LED 켜'를 음성인식하여 빨간색 LED가 켜진 것을 확인할 수 있다.

05 앱인벤터의 음성인식 기능을 활용하여 음성을 인식하고 인식한 결과를 블루투스로 전송하여 LED를 제어할 수 있다. 동작 동영상은 아래 링크에서 확인 가능하다

• https://youtu.be/1ktniYGoC8o

스마트폰에서 구글 음성인식이 실행되지 않는다면 다음의 방법으로 실행이 가능하다.

01 구글 플레이스토어에서 [Google] 앱과 [Google 어시스턴트] 앱을 설치 및 실행한다.
앱설정에서 '사용안함'으로 설정되어있다면 '사용함'으로 설정을 한다. 삼성 스마트폰
note10+의 안드로이드 10.0 버전을 기준으로 설정하였다.

02 설정에 접속한 후 '디바이스 도우미 앱'을 찾는다. [Google]로 설정한다.

03 홈 버튼을 길게 누르면 다음과 같이 Google 어시스턴트가 활성화가 되면 정상적으로 설정된 것이다.

음성인식으로 LED 밝기 조절하기

학습 목표

아두이노의 analogWrite 기능을 이용하여 LED의 밝기를 조절해 볼 수 있다.
회로는 5_2 음성인식을 이용하여 RGB LED 제어하기회로와 동일하게 3색 LED만을 사용한다.

아두이노 코드 작성하기

01 다음과 같이 코드를 작성한다.

5_2_1.ino

```
01    #include <SoftwareSerial.h>
02
03    SoftwareSerial btSerial = SoftwareSerial(9, 10);
04
05    int redLed =6;
06    int greenLed =5;
07    int blueLed =3;
08
09    void setup()
10    {
11     btSerial.begin(9600);
12    }
13
14    void loop()
15    {
16     if(btSerial.available() >0 )
17     {
18            String strData = btSerial.readStringUntil( '\n' );
19
20            if(strData.startsWith( "REDHIGH" ) ==1)
21            {
22             analogWrite(redLed, 255);
23            }
24            else if(strData.startsWith( "REDLOW" ) ==1)
25            {
26             analogWrite(redLed, 100);
27            }
28            else if(strData.startsWith( "REDOFF" ) ==1)
29            {
30             analogWrite(redLed, 0);
31            }
32     }
33    }
```

20 : 'REDHIGH' 문자열을 입력받았다면 조건문에 충족된다.

22 : redLed의 밝기를 255로 켠다. analogWrite(핀,0~255)의 첫 번째 인자값은 제어한 핀의 번호를 나타내고 두 번째 인자값은 0~255로 출력되는 값을 나타낸다. 255면 최대값으로 출력한다. 그리고 analogWrite를 사용할 때는 pinMode를 OUTPUT으로 설정하지 않아도 된다. analogWrite를 사용하면 자동으로 출력으로 설정된다.

24 : 'REDLOW' 문자열을 입력받았다면 조건문에 충족된다.

26 : redLed의 밝기를 100으로 켠다.

28 : 'REDOFF' 문자열을 입력받았다면 조건문에 충족된다.

30 : redLed를 끈다.

02 업로드 버튼(⊙)을 눌러 아두이노에 프로그램을 업로드한다.

앱인벤터 프로그램으로 앱 만들기

01 5_2에서 만든 앱을 수정하는 과정으로 5_2앱과 동일하고 [⬛⬛⬛⬛] 부분을 수정하여 진행한다.

02 다음의 블록을 완성한다. 음성인식 후에 음성인식 결과를 결과값에 표시하고, '빨간색'단어를 인식하면 조건문에 충족한다.

03 다음의 블록을 추가하여 완성한다. '빨간색' 단어를 인식하였다면 '켜'와 '꺼'를 인식하는 조건문이다.

04 다음의 블록을 완성한다.

05 '빨간색', '켜', '밝게'의 3개의 조건이 모두 맞았으면 'REDHIG'를 블루투스를 통해 전송한다.

06 '빨간색', '켜', '어둡게'의 3개의 조건이 모두 맞았으면 'REDLOW'를 블루투스를 통해 전송한다.

07 '빨간색', '꺼'의 2개의 조건이 모두 맞았으면 'REDOFF'를 블루투스를 통해 전송한다.

아두이노와 앱인벤터 연동 후 음성인식으로 LED 밝기 조절하기

01 [블록]에서 프로그램을 완료하였다. [연결]-[AI 컴패니언] 메뉴를 클릭하여 스마트폰과 연결한다.

02 앱을 실행하여 연결한 후 '음성인식' 버튼을 눌러 '빨간색 LED 밝게 켜'를 말한다. LED가 밝게 켜진 것을 확인할 수 있다.

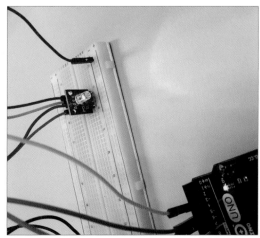

03 '음성인식' 버튼을 눌러 '빨간색 LED 어둡게 켜'를 말한다. LED가 어두워진 것을 확인할 수 있다.

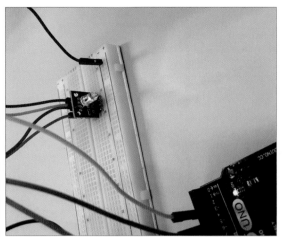

지금까지 아두이노의 analogWrite 기능을 사용하여 LED의 밝기를 음성으로 제어해 보았다.

 미션   녹색 LED, 파란색 LED도 밝기를 조절할 수 있는 기능을 추가하여 보자.
아두이노 프로그램을 추가하고 앱인벤터에서도 어플을 추가하여야 한다.

---

05 _ 3 앱인벤터에서 LED로 표시하고 한글 음성으로 출력하기

학습목표 아두이노에서 스위치를 활용하여 신호를 앱인벤터로 전송하고 앱인벤터에서 LED를 그림으로 만들어 출력하고 음성 변환 기능을 활용하여 한글 음성을 출력하여본다.

아두이노 회로 연결 및 프로그램 작성하기

준비물

부품명	수량
HC-06 블루투스 모듈	1개
스위치	3개
수-수 점퍼 케이블	12개

아두이노 회로 구성

다음은 프리징과 실제로 구성한 회로 그림이다.

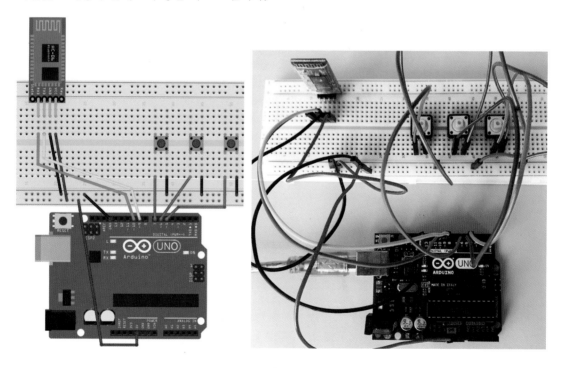

블루투스 모듈은 다음과 같이 연결한다. VCC는 브레드보드의 5V 단자, GND는 브레드보드의 5V 단자, TXD는 아두이노의 9번 핀, RXD는 아두이노의 10번 핀에 연결한다. 초음파센서 모듈은 다음과 같이 연결한다. 스위치의 연결은 저항을 사용하지 않고 아두이노의 내부 풀업 저항을 이용한다. 스위치는 각각 아두이노의 7, 6, 5번 핀에 연결한다.

아두이노 코드 작성하기

01 다음과 같이 코드를 작성한다.

```
_5_3.ino
01    #include <SoftwareSerial.h>
02
03    SoftwareSerial btSerial = SoftwareSerial(9, 10);
04
05    int sw1 =7;
06    int sw2 =6;
07    int sw3 =5;
08
09    void setup()
10    {
11     btSerial.begin(9600);
12     pinMode(sw1, INPUT_PULLUP);
13     pinMode(sw2, INPUT_PULLUP);
14     pinMode(sw3, INPUT_PULLUP);
15    }
16
17    void loop()
18    {
19     if (swInput1(sw1) ==1)
20     {
21            btSerial.println("sw1");
22     }
23     else if (swInput2(sw2) ==1)
24     {
25            btSerial.println("sw2");
26     }
27     else if (swInput3(sw3) ==1)
28     {
29            btSerial.println("sw3");
30     }
31    }
32
33    int swInput1(int inPin)
34    {
35     static int oldSw =1;
36     static int newSw =1;
37     newSw = digitalRead(inPin);
38     if (oldSw != newSw)
39     {
40            oldSw = newSw;
41            if (newSw ==0)
42            {
```

```
43            delay(200);
44            return 1;
45          }
46        }
47      return 0;
48      }
49
50      int swInput2(int inPin)
51      {
52      static int oldSw =1;
53      static int newSw =1;
54      newSw = digitalRead(inPin);
55      if (oldSw != newSw)
56      {
57            oldSw = newSw;
58            if (newSw ==0)
59            {
60             delay(200);
61             return 1;
62            }
63        }
64      return 0;
65      }
66
67      int swInput3(int inPin)
68      {
69      static int oldSw =1;
70      static int newSw =1;
71      newSw = digitalRead(inPin);
72      if (oldSw != newSw)
73      {
74            oldSw = newSw;
75            if (newSw ==0)
76            {
77             delay(200);
78             return 1;
79            }
80        }
81      return 0;
82      }
```

05~07 : 각각 스위치 변수에 아두이노 핀의 값을 대입한다.

12~14 : 스위치 핀의 상태를 풀업 입력으로 설정한다. 아두이노 보드 내부에 풀업 저항을 사용한다. 풀업 저항을 사용하면 스위치를 눌렀을 때 0의 값이 입력되고, 누르지 않았을 때는 1의 값이 입력된다.

19~22 : swInput1(sw1) 함수에서 값을 읽어 1이면 즉 스위치가 눌렀다면 블루투스 시리얼 포트를 통해 'sw1'의 값을 전송한다.

23~26 : swInput2(sw2) 함수에서 값을 읽어 1이면 즉 스위치가 눌렀다면 블루투스 시리얼 포트를 통해 'sw2'의 값을 전송한다.

27~30 : swInput3(sw3) 함수에서 값을 읽어 1이면 즉 스위치가 눌렀다면 블루투스 시리얼 포트를 통해 'sw3'의 값을 전송한다.

33~48 : 스위치의 입력을 받는 함수이다. 스위치가 눌렀을 때 1의 값을 반환한다. oldSw 변수에는 항상 이전값을 기억하고 newSw 변수에는 최신값을 받아 서로 비교하여 oldSw 변수와 newSw의 변수값이 틀리면 한번만 동작하게 하는 함수이다. 스위치를 눌렀을 때 계속 동작하지 않고 눌렀을 때만 동작하게 하기 위해 이전값과 현재값을 비교를 한다.

35 : static int oldSw = 1; oldSw 라는 이름으로 static int 타입의 변수를 선언한다. static으로 선언하면 함수내에서 한번만 초기화된다. 전역변수와 비슷하게 사용할 수 있다.

36 : newSw 변수를 1로 초기화 한다. 1초 초기화 하는 이유는 스위치가 누르지 않았을 때 1의 값을 갖기 때문이다. 우리는 내부 풀업 저항을 사용하였기 때문에 눌렀을 때 0의 값이 입력된다.

54 : newSw = digitalRead(inPin); inPin는 함수에서 인자로 전달 받은 값으로 loop문에서 swInput1(sw1) 으로 사용된다. 즉 sw1 = 7번 핀의 값으로 newSw = digitalRead(7); 과 동일하다. 7번 핀에서 값을 읽어 newSw 변수에 대입한다.

55 : oldSw의 변수와 newSw의 변수값이 같지 않다면 조건문이 참이다. 초기에 oldSw의 값도 1 newSw의 값도 1이다. 스위치가 눌렀다면 newSw의 값이 0으로 변해 조건문에 참이 된다. 즉 스위치가 눌렀다면 조건문이 참이다.

57 : oldSw의 변수에 newSw의 값을 대입한다.

58 : newSw의 값이 0이라면 참이다. 즉 newSw의 값이 1에서0으로 바뀌는 시점에만 참이된다. 스위치를 눌렀을 때 단 한번만 동작하게 한다.

43 : 100mS동안 기다린다. 스위치는 물리적인 누름값을 전기적으로 변환되어진다. 전기적으로 변환될 때 노이즈가 많이 발생한다. 이를 채터링이라고 하는데 채터링이 발생하면 순간적으로 여러 번 눌렸다고 판단할 수 있기 때문에 스위치기 눌렸을 때 100mS동안 아무동작을 하지 않는다. 채터링을 방지하기 위한 딜레이 이다.

44 : 스위치가 눌렸을때만 1의 값을 반환한다.

47 : 스위치가 눌리지 않았을 때 0의 값을 반환한다.

50~65 : 스위치의 입력을 받는 함수이다. sw2번의 값을 입력받기 위해 사용한다.

67~82 : 스위치의 입력을 받는 함수이다. sw3번의 값을 입력받기 위해 사용한다.

02 업로드 버튼(⊕)을 눌러 아두이노에 프로그램을 업로드한다.

앤인벤터 프로그램으로 앱 만들기

01 [내 프로젝트]-[새 프로젝트 시작하기]를 클릭하여 새로운 프로젝트를 만든다. 이름은 'a5_1'로 입력한 후 [확인] 버튼을 클릭한다.

02 속성값을 다음과 같이 설정한다.

- 레이아웃 : 수평배치(속성, 높이-80픽셀, 너비-부모 요소)
- 사용자 인터페이스 : 목록선택버튼 두 개
- 목록선택버튼1 : 이름 '연결하기'로 변경(속성, 글꼴굵게-체크, 높이-부모 요소, 너비-부모 요소, 텍스트-연결하기)

- 목록선택버튼2 : 이름 '연결끊기'로 변경(속성, 글꼴굵게–체크, 높이–부모 요소, 너비–부모 요소, 텍스트–
연결끊기, 텍스트색상–빨강)

03 [레이아웃]에서 [수평배치]를 끌어와 뷰어에 위치시킨다. [수평배치2]는 칸을 띄우는 역할만 한
다. 속성은 다음과 같이 설정한다.

- 높이 : 20픽셀, 너비 : 부모 요소에 맞추기

04 [레이아웃]에서 [수평배치]를 끌어와 뷰어에 위치시킨다. 속성은 다음과 같이 설정한다.

- 수평정렬 : 가운데 3, 수직정렬 : 가운데 2, 높이 : 80픽셀, 너비 : 부모 요소에 맞추기

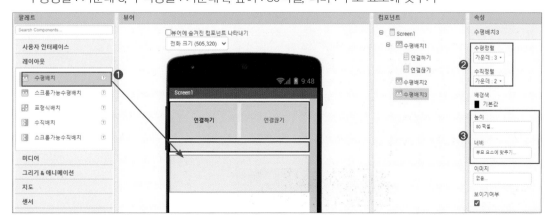

05 [미디어]-[파일 올리기...] 버튼을 클릭한 후 [제공자료]-[챕터5.LED 그림] 폴더로 접속한다.

06 폴더안에 있는 LED 그림 파일을 하나씩 불러온다.

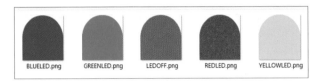

07 미디어 항목에서 LED 그림 파일이 불러졌다.

08 속성값을 다음과 같이 설정한다. [사용자 인터페이스]에서 [버튼]을 끌어와 [수평배치3]안에 위치시킨다. 컴포넌트의 이름을 [빨강]으로 변경한다. [빨강] 버튼의 속성을 다음과 같이 설정한다.

- 활성화 : 체크해제(버튼의 모양만을 사용하고 버튼의 기능으로 사용하지 않음)
- 높이 : 부모 요소에 맞추기, 너비 : 80픽셀, 이미지 : LEDOFF.png, 텍스트 : " 비워두기

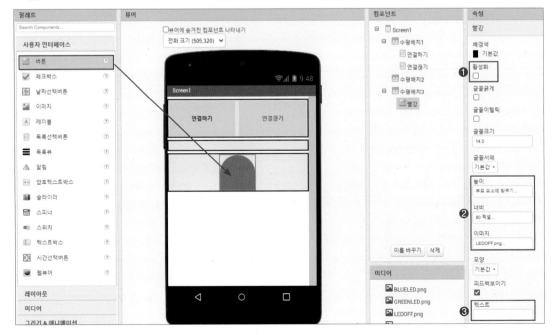

09 [레이아웃]에서 [수직배치]를 끌어와 컴포넌트 [빨강] 버튼 오른쪽 옆에 위치시킨다. 이 컴포넌트의 역할은 버튼과 버튼사이의 간격의 띄우기 위해서 사용한다.

속성값을 다음과 같이 설정한다.

- 높이 : 부모 요소에 맞추기, 너비 : 20픽셀

10 [사용자 인터페이스]에서 [버튼]을 끌어와 [수평배치3]안에 위치시킨다. 컴포넌트의 이름을 [노랑]으로 변경한다. [노랑] 버튼의 속성을 다음과 같이 설정한다.

- 활성화 : 체크해제(버튼의 모양만을 사용하고 버튼의 기능으로 사용하지 않음), 높이 : 부모 요소에 맞추기, 너비 : 80픽셀, 이미지 : LEDOFF.png, 텍스트 : " 비워두기

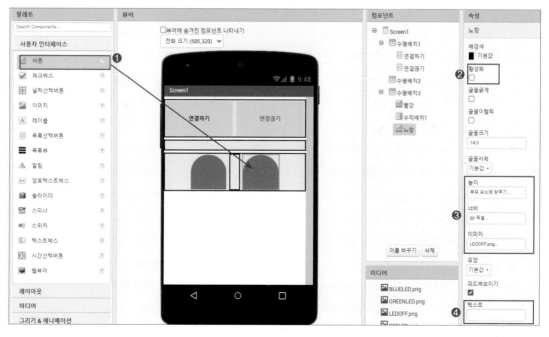

11 [레이아웃]에서 [수직배치]를 끌어와 컴포넌트 [노랑] 버튼 오른쪽 옆에 위치시킨다. 이 컴포넌트의 역할은 버튼과 버튼사이의 간격의 띄우기 위해서 사용한다.

속성값을 다음과 같이 설정한다.

- 높이 : 부모 요소에 맞추기, 너비 : 20픽셀

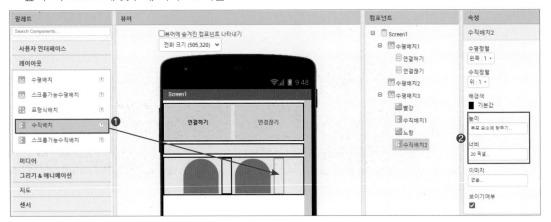

12 [사용자 인터페이스]에서 [버튼]을 끌어와 [수평배치3]안에 위치시킨다. 컴포넌트의 이름을 [녹색]으로 변경한다. [녹색] 버튼의 속성을 다음과 같이 설정한다.

- 활성화 : 체크해제(버튼의 모양만을 사용하고 버튼의 기능으로 사용하지 않음)
- 높이 : 부모 요소에 맞추기, 너비 : 80픽셀, 이미지 : LEDOFF.png, 텍스트 : " 비워두기

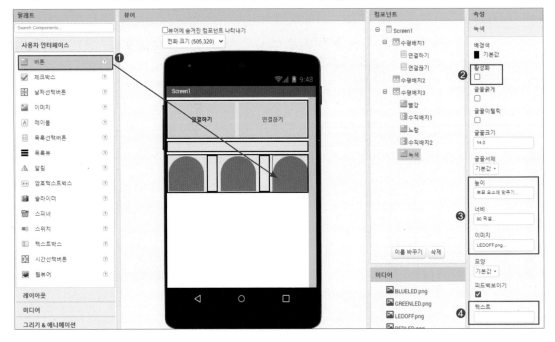

13 [레이아웃]에서 [수평배치]를 끌어와 뷰어에 위치시킨다. 속성은 다음과 같이 설정한다.

- 수평정렬 : 가운데 3, 수직정렬 : 가운데 2, 높이 : 50픽셀, 너비 : 부모 요소에 맞추기

14 [사용자 인터페이스]에서 [레이블]을 끌어와 뷰어의 [수평배치4]안에 위치시킨다. 컴포넌트의 이름을 [결과값]으로 변경한다. [결과값]의 속성을 다음과 같이 설정한다.

- 텍스트 : " 비워두기

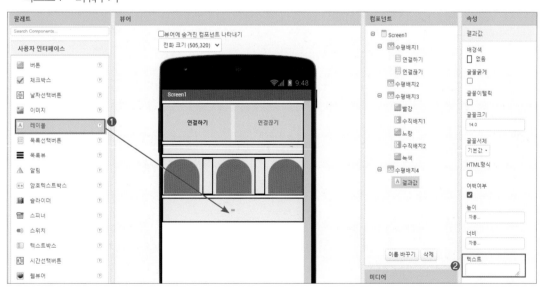

15 [연결]-[블루투스 클라이언트], [사용자 인터페이스]-[알림], [센서]-[시계], [미디어]-[음성 변환]을 추가한다.

16 시계 컴포넌트의 속성에서 타이머 간격을 300으로 변경한다. 0.3초마다 블루투스에서 데이터를 받기위한 타이머로 사용된다.

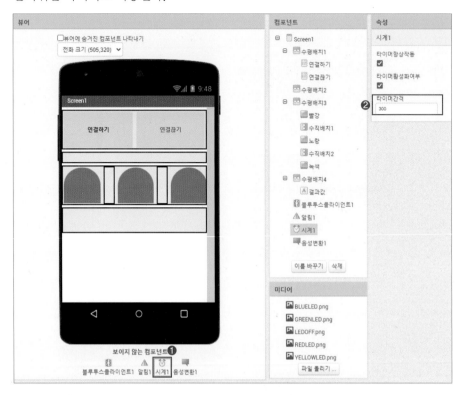

17 이제 [블록]으로 이동하여 코딩하도록 하자. 블루투스 연결관련 블록을 뷰어에 이동하여 코딩한다.

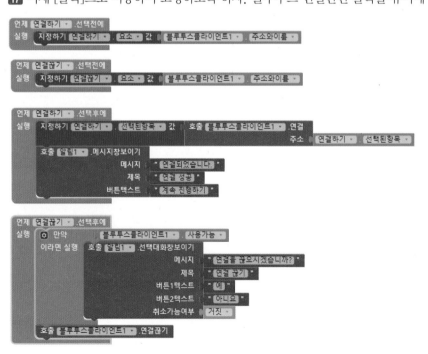

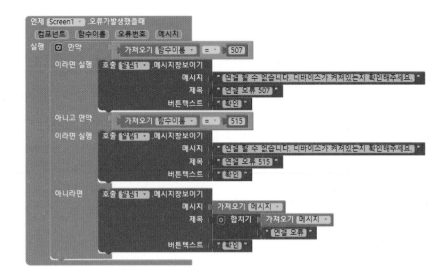

18 [변수]에서 전역변수 만들기 블록을 3개 만들어 다음과 같이 이름을 변경한다. LED의 상태값을 저장하는 변수이다. 전역변 수의 초기값은 숫자 1로 지정한다.

19 시계1.타이머가작동할 때 블록을 다음과 같이 만든다. 시계는 0.3초마다 타이머가 작동되서 다음 의 블록으로 들어온다. 0.3초마다 블루투스가 연결되었는지 확인하고 블루투스에서 받은 데이터가

0보다 크면 조건 문에 만족한다.

20 다음의 조건을 추가한다.

블루투스에서 받은 데이터를 결과값에 저장한다. 저장된 결과값을 비교한다.
'sw1'을 블루투스를 통해 입력받았다면 첫 번째 조건문을 실행하고
'sw2'을 블루투스를 통해 입력받았다면 두 번째 조건문을 실행하고
'sw3'을 블루투스를 통해 입력받았다면 세 번째 조건문을 실행한다.

21 빨간색 LED의 상태를 변경하는 블록을 완성하였다. 스위치를 누르면 'sw1'의 값이 블루투스를 통해 들어온다.

'sw1'의 값을 받으면 앱인벤터 화면의 LED를 켜고 다시 'sw1'의 값을 받으면 앱인벤터 화면의 LED를 끄고 다시 'sw1'의 값을 받으면 앱인벤터 화면의 LED 켜고를 반복하는 블록이다. 전역변수를 이용하여 상태값을 바꿔가면서 앱인벤터 화면의 LED를 켜고 끈다.

지정하기 빨강. 이미지 값에 미디어의 파일명을 써주면 이미지를 변경 할 수 있다.

호출 음성 변환1.말하기에 메시지를 입력하면 입력한 메시지를 음성 변환이 되어 앱인벤터에서 음성이 출력된다.

22 앱인벤터의 노란색 LED부분과 녹색 LED부분도 블록을 완성하자

▲ 노란색 LED부분 블록   ▲ 녹색 LED부분 블록

24 모든 블록을 완성하였다.

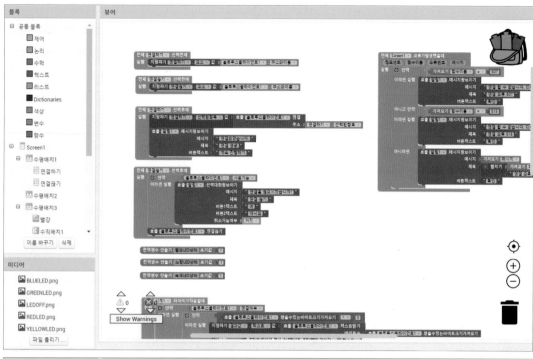

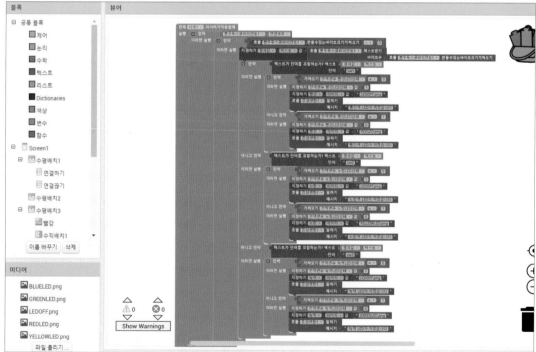

■ 완성 파일 : 자료제공\프로젝트\a5_3.aia

앱인벤터에서 LED로 표시하고 한글 음성으로 출력하기

01 [블록]에서 프로그램을 완료하였다. [연결]–[AI 컴패니언] 메뉴를 클릭하여 스마트폰과 연결한다.

02 [연결하기] 버튼을 눌러 블루투스 모듈과 연결한다.

03 아두이노에서 버튼을 눌러 앱인벤터의 LED가 켜지고 꺼지는지 확인한다.

음성 변환으로 LED의 상태를 알려주는 말소리가 출력된다. 소리가 나오지 않는다면 스마트폰의 소리를 켜고 진행한다.

04 결과를 확인할 수 있다.

동작 동영상은 아래 링크에서 확인 가능하다.

- https://youtu.be/lbtx4pMilTM

Arduino app Inventor

CHAPTER 06

아두이노와 앱인벤터
WIFI 통신
스마트홈 프로젝트

아두이노와 ESP8266(ESP-01)모듈을 사용하여 WIFI 통신을 구현한다. WIFI 통신을 이용하여 웹서버를 만들고 앱 인벤터에서는 웹에 접속 하여 여러 가지 센서 및 제어를 할 수 있는 스마트홈 앱을 만들어 본다.

06 _ 1 아두이노 웹서버 만들기

학습목표

아두이노에 ESP-01 WIFI 모듈을 연결하여 WIFI 기능을 추가하고 WIFI 웹서버를 만들어 본다.
ESP-01 모듈은 ESP8266 칩을 사용한 모듈로 ESP8266칩을 간편하게 사용할 수 있도록 안테나, 메모리, 외부커넥터등을 일체화 한 모듈 이다.
ESP-01모듈은 AT 명령어로 제어가 가능하며 WIFI 기능을 손쉽게 사용할 수 있다. 전세계 적으로 사물인터넷 장치를 만들 때 많이 사용하며 아두이노와 연결 할 수 있는 라이브러리가 개발되어 있어 라이브러리만을 추가하여 손쉽게 아두이노에 WIFI 기능을 만들 수 있다.

아두이노 회로 연결 및 프로그램 작성하기

준비물

부품명	수량
ESP-01 WIFI 모듈	1개
470uF 캐패시터	1개
암-수 점퍼 케이블	5개
수-수 점퍼 케이블	2개

아두이노 회로 구성

다음은 프리징과 실제로 구성한 회로 그림이다.

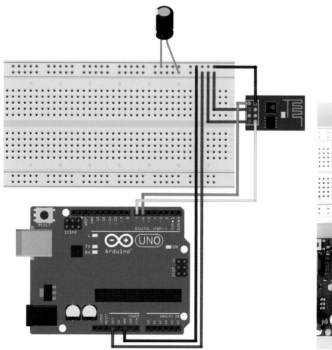

ESP-01 모듈의 커넥터 타입은 수(male)타입으로 암-수 점퍼 케이블을 이용하여 연결한다. 전원은 3.3V를 사용한다(주의사항: 5V를 사용하지 않는다).ESP-01 모듈은 순간적으로 전류를 많이 사용하기 때문에 전원쪽에 캐패시터를 연결하여 순간적으로 부족한 전류를 보충한다. 캐패시터의 +는 3.3V에 -는 브레드보드의 파랑 전원부와 연결한다.

ESP-01 모듈의 RX핀은 아두이노의 7번 핀에 연결하고 TX핀은 아두이노의 6번 핀에 연결한다. 아두이노와 브레드보드의 연결은 수-수 점퍼 케이블을 이용한다. 3.3V를 브레드보드의 빨간 전원부와 연결하고, GND는 브레드보드의 파랑 전원부와 연결한다.

아두이노 라이브러리 추가하기

01 [스케치]-[라이브러리 포함하기][.ZIP 라이브러리 추가...] 메뉴를 클릭한다.

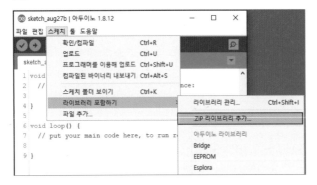

02 [제공자료]-[아두이노라이브러리] 폴더를 더블클릭하여 접근한다.

아두이노라이브러리

03 WIFIEsp-master.ZIP 파일을 선택하고 [열기] 버튼을 누른다.

04 라이브러리가 추가되었다. '라이브러리 포함하기' 메뉴를 확인하세요. 문구가 아두이노에서 보이면 정상적으로 라이브러리가 추가되었다.

05 [내 PC]-[문서]-[Arduino]-[libraries] 폴더에 추가된 라이브러리가 폴더로 보여지는 것을 확인할 수 있다. 라이브러리의 삭제는 폴더를 삭제하면 된다.

다른 방법으로 라이브러리 추가하기

인터넷이 연결되어 있을 경우 아두이노에서 바로 검색하여 라이브러리 설치가 가능하다

01 [스케치]-[라이브러리 포함하기]-[라이브러리 관리...] 메뉴를 클릭한다.

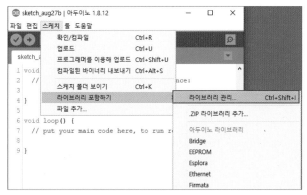

02 'wifiesp'를 검색한 후 WiFiEsp를 설치한다. .ZIP 라이브러리로 설치한 같은 라이브러리가 설치되어 있기 때문에 INSTALLED되어 있다고 나온다.

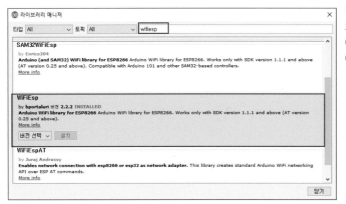

※ 2020.08.27.일 기준 2.2.2 버전이 최신버전으로 본 책에서 사용하는 버전의 라이브러리이다. 라이브러리가 업데이트 되면 가끔 기능이 변경되어 동작하지 않을 수 있다.

라이브러리는 .ZIP 라이브러리 또는 아두이노에서 검색을 해서 설치할 수 있다. 모든 라이브러리가 아두이노에서 직접 검색하여 설치되면 좋겠지만 모든 라이브러리가 없기 때문에 다양하게 라이브러리를 설치하는 방법을 알아보았다.

아두이노 업로드 및 테스트하기

01 아두이노에서 [파일]-[예제]-[WiFiEsp]-[WebServer] 메뉴를 클릭한다.

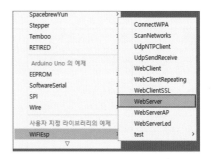

02 새로운 창이 생기면서 WebServer의 예제파일이 열린다. 22줄의 char ssid[] = 'melab'; 자신의 공유기의 ID로 변경한다. 23줄 char pass[] = "melab12345"; 자신의 공유기의 패스워드로 변경한다.

※ 주의사항: ESP-01모듈은 2.4G의 공유기만 연결가능하다. 5G의 공유기에는 접속 할 수 없다.

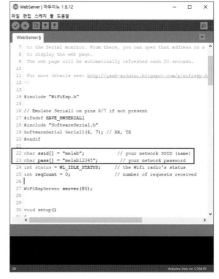

03 업로드 버튼(⊙)을 눌러 업로드를 완료하고 시리얼 모니터 버튼(🔍)을 눌러 시리얼 모니터 창을 띄운다. '115200 보드레이트' 로 통신 속도를 변경한다. [http://192.168.1.15]시리얼 모니터에 출력되는 ip주소로 크롬, 익스플로러 등 웹브라우저를 통해 접속한다.

글자가 출력되지 않는다면 보드레이트를 변경하기 전에 이미 접속되어 출력이 되었을 수 있다. 이 경우는 아두이노의 리셋 버튼을 누르거나 또는 다시 업로드 하여 출력된 주소가 시리얼 모니터에 보일 수 있도록 한다.

04 브라우저를 통해 접속하면 다음과 같이 확인이 가능하다. A0번 핀의 아날로그 값을 읽어 웹에 전송해주는 기능을 하는 예제이다.

TIP	접속이 되지 않을 경우 확인해야 될 사항

아두이노에서 접속한 공유기와 접속하는 PC의 공유기가 같은 공유기에 접속이 되어야 한다. 다른 공유기를 통해 연결시 같은 네트워크상에 있지 않기 때문에 접속되지 않는다.

앱인벤터로 웹 접속 앱 만들기

01 [프로젝트]-[새 프로젝트 시작하기] 메뉴를 클릭한다. 'a6_2'의 이름을 입력한 후 [확인] 버튼을 클릭한다.

02 새프로젝트를 만든다.

03 [레이아웃]에서 [수평배치]를 끌어와 다음과 같이 속성값을 설정한다.

- 수직정렬 : 가운데 2, 높이 : 50픽셀, 너비 : 부모 요소에 맞추기

04 [사용자 인터페이스]에서 [레이블]을 끌어와 수평배치1 안에 위치시킨 후 속성값을 다음과 같이 설정한다.

- 텍스트 : 'IP주소입력:'

05 [사용자 인터페이스]에서 [텍스트박스]을 끌어와 수평배치1 안에 위치시킨 후 이름을 '주소'로 변경한다. '주소' 컴포넌트의 속성을 다음과 같이 설정한다.

- 너비 : 부모 요소에 맞추기..., 힌트 : '' 비워두기

06 [레이아웃]에서 [수평배치]를 끌어와 다음과 같이 속성값을 설정한다.

- 수평정렬 : 가운데 3, 수직정렬 : 가운데 2, 높이 : 50픽셀, 너비 : 부모 요소에 맞추기...

07 [사용자 인터페이스]에서 [버튼]을 끌어와 [수평배치2]안에 위치시킨다. 버튼 컴포넌트의 이름을 '연결'로 수정한다. '연결' 컴포넌트의 속성값을 다음과 같이 설정한다.

- 텍스트 : '연결'

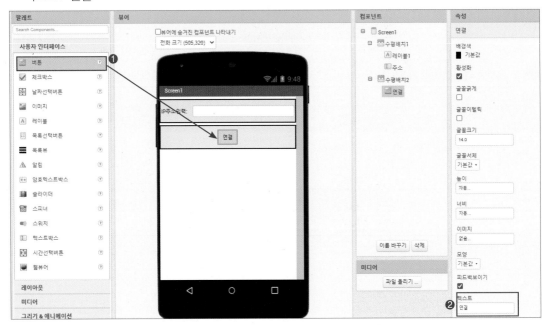

08 [사용자 인터페이스]에서 [웹뷰어]를 끌어와 뷰어에 위치시킨다. 속성값은 수정하지 않는다.

09 블록으로 이동하여 프로그램을 진행하도록 하자.

10 다음과 같이 블록을 완성한다. 'http://'와 입력된 IP주소를 합쳐서 연결한다.

■ 완성 파일 : 자료제공\프로젝트\a6_3.aia

아두이노와 앱인벤터 연동 후 앱으로 웹 접속하기

11 [연결]-[AI 컴패니언] 메뉴를 클릭하여 스마트폰과 연결한다.

12 앱을 실행하였을 때 화면으로 아무것도 출력되지 않는다. IP주소를 입력 한 후 [연결] 버튼을 클릭하면 웹페이지가 출력된다.

06 _ 2 WIFI 모듈을 이용하여 LED 조명 제어 앱 만들기

학습목표

웹서버 기능을 이용하여 웹페이지에 접속하여 LED를 켜고 끄는 기능을 만들어보자. 앱인벤터에서는 버튼을 만들어 웹에 접속하여 LED를 켜고 끌수 있다.

아두이노 회로 연결 및 프로그램 작성하기

준비물

부품명	수량
ESP-01 WIFI 모듈	1개
460uF 캐패시터	1개
암-수 점퍼 케이블	5개
수-수 점퍼 케이블	4개
220옴 저항	1개
빨간색 LED	1개

아두이노 회로 구성

다음과 같이 아두이노 회로를 구성한다.

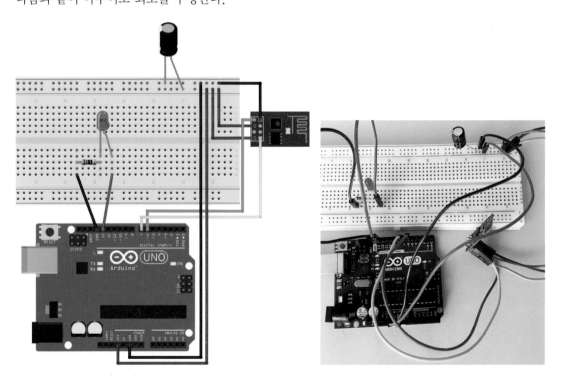

ESP-01 모듈의 커넥터 타입은 수(male)타입으로 암-수 점퍼 케이블을 이용하여 연결한다. 전원은 3.3V를 사용한다(주의사항: 5V를 사용하지 않는다).ESP-01 모듈은 순간적으로 전류를 많이 사

용하기 때문에 전원쪽에 캐패시터를 연결하여 순간적으로 부족한 전류를 보충한다. 캐패시터의 +는 3.3V에 − 는 브레드보드의 파랑 전원부와 연결한다.

ESP−01 모듈의 RX핀은 아두이노의 7번 핀에 연결하고 TX핀은 아두이노의 6번 핀에 연결한다. 아두이노와 브레드보드의 연결은 수−수 점퍼 케이블을 이용한다. 3.3V를 브레드보드의 빨간 전원부와 연결하고, GND는 브레드보드의 파랑 전원부와 연결한다. 220옴 저항과 LED를 이용하여 LED 회로를 완성한다. LED의 +부분은 아두이노의 13번 핀과 연결한다.

아두이노 코드 작성과 동작 결과 확인하기

WiFiEsp 라이브러리의 예제코드인 'WebServerLed.ino' 파일을 수정하여 진행한다.

01 아두이노에서 [파일]−[예제]−[WiFiEsp]−[WebServerLed]를 클릭하여 연다.

02 새로운 창이 생기면서 WebServerLed 의 예제파일이 열린다.

20줄의 char ssid[] = 'jang'; 자신의 공유기의 ID로 변경한다.

21줄 char pass[] = "melab12345"; 자신의 공유기의 패스워드로 변경한다.

※ 주의사항 : ESP−01 모듈은 2.4G의 공유기만 연결가능하다. 5G의 공유기에는 접속할 수 없다.

03 업로드 버튼(⊙)을 눌러 업로드를 완료하고 시리얼 모니터 버튼(⊙)을 눌러 시리얼 모니터 창을 띄운다. '115200 보드레이트' 로 통신 속도를 변경하고, [http://192.168.0.4]시리얼 모니터에 출력되는 ip주소로 크롬, 익스플로러 등 웹브라우저를 통해 접속한다. 글자가 출력되지 않는다면 보드레이트를 변경하기 전에 이미 접속되어 출력이 되었을 수 있다. 이 경우는 아두이노의 리셋 버튼을 누르거나 또는 다시 업로드 하여 출력된 주소가 시리얼 모니터에 보일 수 있도록 한다.

04 크롬, 익스플로러 등의 웹브라우저를 이용하여 주소에 접속한 후 'here' 부분을 클릭한다.

05 Click here turn the LED on 부분을 클릭 시 [IP주소]/H 주소로 접속이 되고 LED가 켜짐을 확인할 수 있다.

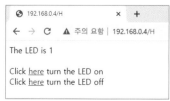

06 Click here turn the LED on 부분을 클릭 시 [IP주소]/L 주소로 접속되고 LED가 꺼짐을 확인
할 수 있다.

앱인벤터 프로그램으로 LED ON/OFF 앱 만들기

이제는 앱인벤터 앱을 만들어서 버튼을 눌러서 페이지에 접속하여 쉽게 LED를 켜고 꺼보자.

01 [프로젝트]-[새 프로젝트 시작하기]
메뉴를 클릭한 후 'a6_3'으로 이름을 넣
고 [확인] 버튼을 눌러 새로운 프로젝트
를 생성한다.

02 [레이아웃]에서 [수평배치]를 끌어와 다음과 같이 속성값을 설정한다.
- 수직정렬 : 가운데 2, 높이 : 50픽셀, 너비 : 부모 요소에 맞추기

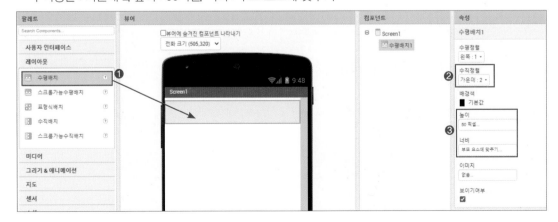

03 [사용자 인터페이스]에서 [레이블]을 끌어와 수평배치1 안에 위치시킨 후 속성을 다음과 같이 설정한다.

- 텍스트 : 'IP주소입력 :'

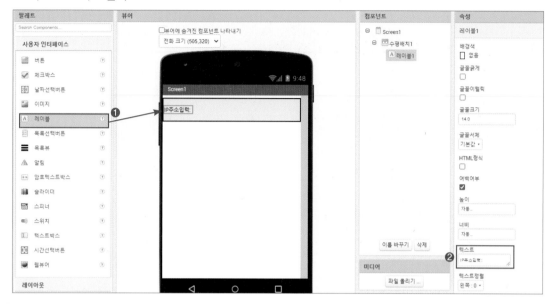

04 [사용자 인터페이스]에서 [텍스트박스]를 끌어와 수평배치1 안에 위치시킨 후 이름을 '주소'로 변경한다. '주소' 컴포넌트의 속성을 다음과 같이 설정한다.

- 너비 : 부모 요소에 맞추기…, 힌트 : " 비워두기

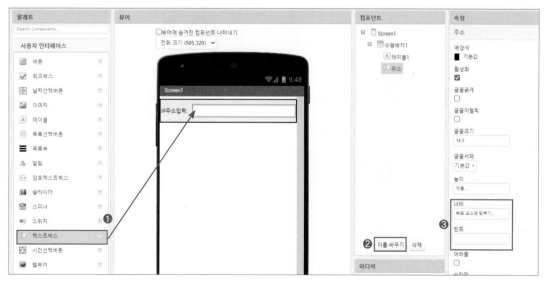

05 [레이아웃]에서 [수평배치]를 끌어와 다음과 같이 속성값을 설정한다.

- 수평정렬 : 가운데 3, 수직정렬 : 가운데 2, 높이 : 50픽셀, 너비 : 부모 요소에 맞추기...

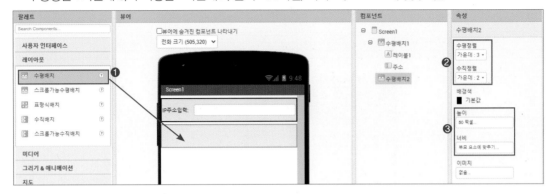

06 [사용자 인터페이스]에서 [버튼]을 끌어와 수평배치2안에 위치시킨다. 이름을 'LED_ON'으로 변경한다. 'LED_ON' 컴포넌트의 속성값을 다음과 같이 설정한다.

- 텍스트 : 'LED 켜기'

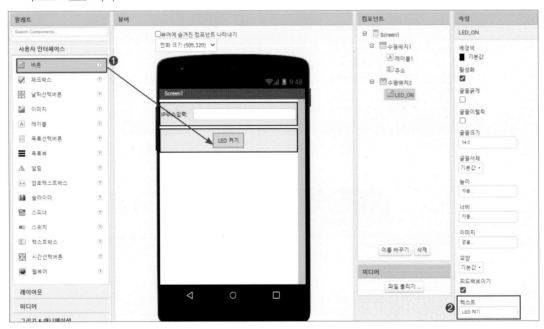

07 [사용자 인터페이스]에서 [버튼]을 끌어와 수평배치2안에 위치시킨다. 이름을 'LED_OFF'으로 변경한다. 'LED_OFF' 컴포넌트의 속성값을 다음과 같이 설정한다.

- 텍스트 : 'LED 끄기'

08 [사용자 인터페이스]에서 [웹뷰어]를 끌어와 뷰어에 위치시킨다. 속성값은 수정하지 않는다.

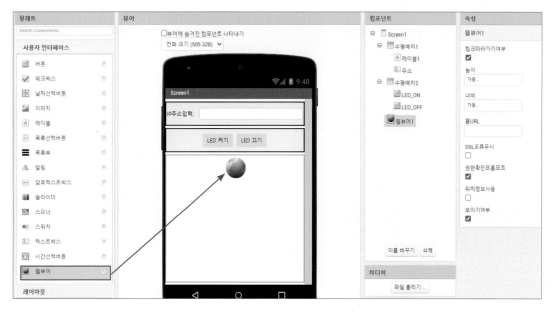

09 블록으로 이동하여 프로그램을 진행한다.

10 LED_ON 버튼을 클릭했을 때 웹페이지에 접속하는 블록을 만들자. LED_ON 버튼을 눌렀을 때 'http://[입력된IP주소]/H'의 주소로 접속하여 LED를 켠다.

11 LED_OFF 버튼을 클릭했을 때 웹페이지에 접속하는 블록을 만들자. LED_OFF 버튼을 눌렀을 때 'http://[입력된IP주소]/L'의 주소로 접속하여 LED를 끈다.

12 모든 블록이 완성되었다.

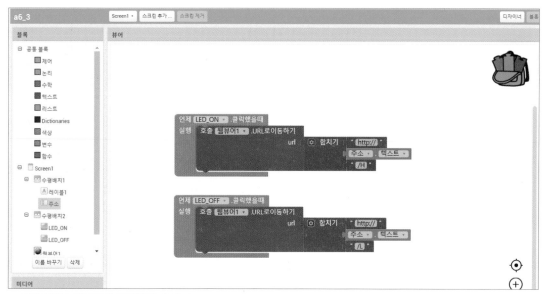

- 완성 파일 : 자료제공\프로젝트\a6_3.aia

아두이노와 앱인벤터 연동 후 웹에 접속하여 LED 켜고 끄기

01 [연결]-[AI 컴패니언] 메뉴를 클릭하여 스마트폰과 연결한다.

02 앱을 처음 실행했을 때 화면이다. IP주소 입력란에 자신의 아두이노가 연결된 IP주소를 입력한다.

03 IP주소를 입력한 후 LED 켜기를 클릭했을 때이다. 웹 뷰어에서 접속된 페이지 확인이 가능하다. LED가 켜진 것을 확인할 수 있다.

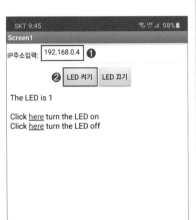

04 LED 끄기를 클릭했을 때이다. LED가 꺼진 것을 확인할 수 있다.

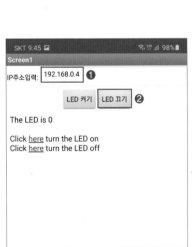

아두이노를 이용하여 웹서버를 만들고 웹에 접속하여 LED를 켜고 끄는 앱을 만들어 보았다.

06 _ 3 WIFI 스마트홈 프로젝트

학습목표

WIFI 웹서버를 이용하여 스마트홈 프로젝트를 만들어보자. LED를 이용하여 불을 켜고 초음파센서를 이용하여 누가 왔는지 측정하고, CDS 조도센서를 이용하여 밝기를 측정하여 보자

아두이노 회로 연결 및 프로그램 작성하기

준비물

부품명	수량	부품명	수량
ESP–01 WIFI모듈	1개	RGB LED 모듈	1개
470uF 캐패시터	1개	10k옴 저항	1개
암–수 점퍼 케이블	5개	CDS조도센서	1개
수–수 점퍼케이블	15개	초음파센서모듈	1개

아두이노 회로 구성

다음은 프리징과 실제로 구성한 회로 그림이다.

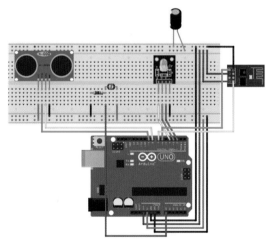

아두이노 코드 작성하기

다음과 같이 코드를 작성한다.

```
_6_4.ino
000     #include "WiFiEsp.h"
001     #include "SoftwareSerial.h"
002
003     SoftwareSerial Serial1(6, 7);
004
005     char ssid[] ="jang"; // your network SSID (name)
```

```
006    char pass[] = ",melab12345"; // your network password
007    int status = WL_IDLE_STATUS;
008
009    int ledStatusR =0;
010    int ledStatusG =0;
011    int ledStatusB =0;
012    int cdsPin = A0;
013
014    int ledB =2;
015    int ledG =3;
016    int ledR =4;
017    int echo =8;
018    int trig =9;
019
020    WiFiEspServer server(80);
021
022    RingBuffer buf(20);
023
024    void setup()
025    {
026     pinMode(ledR, OUTPUT);
027     pinMode(ledG, OUTPUT);
028     pinMode(ledB, OUTPUT);
029     pinMode(trig, OUTPUT);
030     pinMode(echo, INPUT);
031
032     Serial.begin(115200);
033     Serial1.begin(9600);
034     WiFi.init(&Serial1);
035
036     if (WiFi.status() == WL_NO_SHIELD) {
037             Serial.println("WiFi shield not present");
038             while (true);
039     }
040
041     while (status != WL_CONNECTED) {
042             Serial.print("Attempting to connect to WPA SSID: ");
043             Serial.println(ssid);
044             status = WiFi.begin(ssid, pass);
045     }
046
047     Serial.println("You're connected to the network");
048     Serial.print("SSID: ");
049     Serial.println(WiFi.SSID());
050
051     IPAddress ip = WiFi.localIP();
052     Serial.print("IP Address: ");
053     Serial.println(ip);
```

```
054
055        Serial.println();
056        Serial.print("To see this page in action, open a browser to http://");
057        Serial.println(ip);
058        Serial.println();
059
060        server.begin();
061    }
062
063
064    void loop()
065    {
066      WiFiEspClient client = server.available();
067
068      if (client) {
069            Serial.println("New client");
070            buf.init();
071            while (client.connected()) {
072             if (client.available() >0) {
073                    char c = client.read();
074                    buf.push(c);
075
076                    if (buf.endsWith("GET /LEDR ")) {
077                     Serial.println("LEDR");
078                     ledStatusR =1;
079                     digitalWrite(ledR,HIGH);
080                     }
081                    else if (buf.endsWith("GET /LEDG ")) {
082                     Serial.println("LEDG");
083                     ledStatusG =1;
084                     digitalWrite(ledG,HIGH);
085                     }
086                    else if (buf.endsWith("GET /LEDB ")) {
087                     Serial.println("LEDB");
088                     ledStatusB =1;
089                     digitalWrite(ledB,HIGH);
090                     }
091                    else if (buf.endsWith("GET /LEDOFF ")) {
092                     Serial.println("LEDOFF");
093                     ledStatusR =0;
094                     ledStatusG =0;
095                     ledStatusB =0;
096                     digitalWrite(ledR,LOW);
097                     digitalWrite(ledG,LOW);
098                     digitalWrite(ledB,LOW);
099                     }
100                 }
101              else
```

```
102                 {
103                         sendHttpResponse(client);
104                         break;
105             }
106         }
107
108         client.stop();
109         Serial.println( " Client disconnected " );
110     }
111 }
112
113 void sendHttpResponse(WiFiEspClient client)
114 {
115   client.println( " HTTP/1.1 200 OK " );
116   client.println( " Content-type:text/html " );
117   client.println();
118
119   client.print( " <!DOCTYPE HTML>\r\n " );
120   client.print( " <html>\r\n " );
121   client.print( " <h1>SmartHome</h1>\r\n " );
122
123   client.print( " ---------sensor---------- " );
124   client.print( " <br>\r\n " );
125
126   client.print( " CDS Value:  " );
127   client.print(analogRead(cdsPin));
128   client.print( " <br>\r\n " );
129
130   digitalWrite(trig, HIGH);
131   delayMicroseconds(10);
132   digitalWrite(trig, LOW);
133
134   unsigned long duration = pulseIn(echo, HIGH);
135
136   float distanceCM = ((34000 * duration) /1000000) /2;
137
138   client.print( " ULTRASONIC Value:  " );
139   client.print(distanceCM);
140   client.print( " <br>\r\n " );
141
142   client.print( " ------------------------- " );
143   client.print( " <br>\r\n " );
144
145   client.print( " ---------status---------- " );
146   client.print( " <br>\r\n " );
147
148   client.print( " LED R:  " );
149   if (ledStatusR ==1) client.print( " ON " );
```

```
150        else client.print( " OFF " );
151        client.print( " <br>\r\n " );
152
153        client.print( " LED G: " );
154        if (ledStatusG ==1) client.print( " ON " );
155        else client.print( " OFF " );
156        client.print( " <br>\r\n " );
157
158        client.print( " LED B: " );
159        if (ledStatusB ==1) client.print( " ON " );
160        else client.print( " OFF " );
161        client.print( " <br>\r\n " );
162
163        client.print( " ---------------------- " );
164        client.print( " <br>\r\n " );
165    }
```

이코드는 아두이노에서 파일 – 예제 – WiFiEsp – WebServerLed 의 예제코드를 수정 및 추가하여 만들었다. 기본튼을 WebServerLed의 코드이다.

000 : WiFiEsp.h 헤더파일을 참조한다. ESP–01모듈의 라이브러리를 사용한다.

001 : 소프트웨어 시리얼 통신 라이브러리를 사용한다.

003 : 아두이노의 6,7번 핀을 소프트웨어 시리얼 통신핀으로 사용한다. 6번 핀은 RX, 7번 핀은 TX핀이다.

005 : 공유기의 ID를 입력한다.

006 : 공유기의 비밀번호를 입력한다.

007 : 와이파이 연결시 필요한 값이다.

009~011 : led의 상태값을 기록하는 변수를 초기화한다.

012~018 : 조도센서, RGB LED, 초음파 센서의 핀 값을 초기화한다.

020 : server의 이름으로 80번 포트에 서버를 생성한다.

022 : 링버퍼로 20개의 변수값으로 초기화 한다.

024~061 : setup 함수

043 : Serial1의 이름으로 와이파이핀을 초기화한다.

036~039 : ESP–01모듈이 연결되지 않았다면 더 이상 진행되지 않고 멈춘다.

041~045 : WIFI를 연결한다. 연결할 때 까지 while문에서 나가지 않는다.

047~058 : WIFI의 연결상태를 출력한다.

060 : 서버를 시작한다.

064~111 : loop 함수

066 : 클라이언트 값을 받는다.

068~110 : 클라이언트가 접속되었다면. (웹페이지를 접속하였다면)

070 : 링버퍼를 초기화한다.

071~106 : 연결되있는동안 실행한다.

072 : 클라이언트에서 받은 값이 있다면

073 : 클라이언트에서 받은 값을 읽어 c변수에 넣는다.

074 : c변수의 값을 링버퍼에 넣는다.

076~080 : 링버퍼의 마지막값이 'GET /LEDR'이라면 http:[IP주소]/LEDR 의 주소로 접속되었다면. 시리얼 통신으로 LEDR을 출력하고 ledStatusR의 값에 1을 넣고 빨강색 LED를 켠다.

076~098 : 각각의 주소 값을 받아 동작한다.

101~015 : 클라이언트에서 더 이상 받은 값이 없다면 응답을 하고 break로 071의 while을 종료한다.

108　　　 : 클라이언트를 멈춘다.

113~165 : http프로토콜로 응답을 하는 함수이다.

115~117 : http프로토콜로 응답을 한다.

119~121 : SmartHome의 문구를 웹에 출력한다.

126~128 : CDS센서 값을 웹에 출력한다.

130~136 : 초음파센서 값을 측정한다.

138~140 : 초음파센서 값을 웹에 출력한다.

148~161 : LED의 상태를 웹에 출력한다.

앱인벤터 프로그램으로 앱 만들기

이제는 앱인벤터 앱을 만들어서 버튼을 눌러서 페이지에 접속하여 쉽게 LED를 켜고 꺼보자.

01 [프로젝트]-[새 프로젝트 시작하기] 메뉴를 클릭한 후 'a6_4'로 이름을 넣고 [확인] 버튼을 눌러 새로운 프로젝트를 생성한다.

02 [레이아웃]에서 [수평배치]를 끌어와 다음과 같이 속성값을 설정한다.

• 수직정렬 : 가운데 2, 높이 : 50픽셀, 너비 : 부모 요소에 맞추기

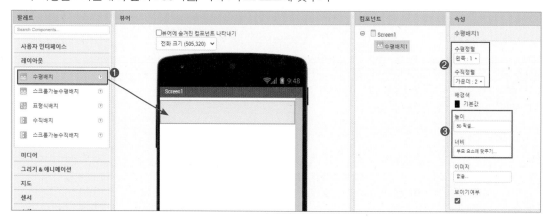

03 [사용자 인터페이스]에서 [레이블]을 끌어와 수평배치1 안에 위치시킨 후 속성을 다음과 같이 설정한다.

- 텍스트 : 'IP주소입력:'

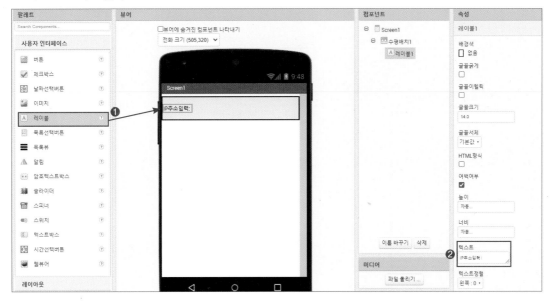

04 [사용자 인터페이스]에서 [텍스트박스]을 끌어와 수평배치1 안에 위치시킨 후 이름을 '주소'로 변경한다. '주소' 컴포넌트의 속성을 다음과 같이 설정한다.

- 너비 : 부모 요소에 맞추기..., 힌트 : '' 비워두기

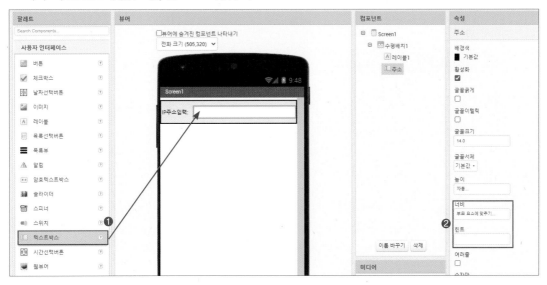

05 [사용자 인터페이스]에서 [버튼]을 끌어와 수평배치1 안에 위치시킨 후 이름을 '저장'으로 변경한
다. '저장' 컴포넌트의 속성을 다음과 같이 설정한다.

- 너비 : 100픽셀, 텍스트 : '저장'

06 [주소]의 컴포넌트를 드래그하여 [저장] 버튼의 컴포넌트 앞에 위치시킨다.

07 [주소] 컴포넌트가 [저장] 컴포넌트 앞에 위치하였다.

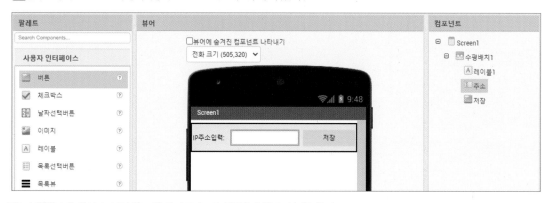

08 [레이아웃]에서 [수평배치] 컴포넌트를 뷰어에 위치시킨다. 속성을 다음과 같이 설정한다.

- 수평정렬 : 가운데 3, 수직정렬 : 가운데: 2, 높이 : 50픽셀, 너비 : 부모 요소에 맞추기...

09 [사용자 인터페이스]에서 [버튼]을 4개 끌어와 뷰어의 수평배치2 컴포넌트 안에 위치시킨다. 순서는 상관없다. 버튼을 4개째 배치하려고 하면 뒤로 배치되지 않기 때문에 앞쪽으로 배치시킨다.

10 맨 앞쪽(왼쪽)의 컴포넌트의 이름을 'LEDR'로 변경한다. LEDR의 속성을 다음과 같이 설정한다.

- 텍스트 : 'LED빨강'

11 그 다음 컴포넌트의 이름을 'LEDG'로 변경한다. LEDG의 속성을 다음과 같이 설정한다.

- 텍스트 : 'LED녹색'

12 다음 컴포넌트의 이름을 'LEDB' 로 변경한다., LEDB의 속성을 다음과 같이 설정한다.

- 텍스트 : 'LED파랑'

13 그 다음 컴포넌트의 이름을 'LEDOFF'로 변경한다. LEDOFF의 속성을 다음과 같이 설정한다.

- 텍스트 : 'LED끄기'

14 [레이아웃]에서 [수평배치] 컴포넌트를 뷰어에 위치시킨다. 속성을 다음과 같이 설정한다.

- 수평정렬 : 가운데 3, 수직정렬 : 가운데 2, 높이 : 50픽셀, 너비 : 부모 요소에 맞추기...

15 [사용자 인터페이스]에서 [버튼]을 끌어와 수평배치3안에 위치시킨다. 버튼의 이름을 [새로고침] 으로 변경한다. [새로고침] 버튼을 속성을 다음과 같이 설정한다.

- 텍스트 : '새로고침'

16 [레이아웃]에서 [수평배치] 컴포넌트를 뷰어에 위치시킨다. 속성을 다음과 같이 설정한다.

- 수평정렬 : 가운데 3, 수직정렬 : 가운데 2, 높이 : 50픽셀, 너비 : 부모 요소에 맞추기...

17 [사용자 인터페이스]에서 [레이블]을 끌어와 수평배치4안에 위치시킨다. 이름을 [시간]으로 변경한다. [시간]의 속성값을 다음과 같이 설정한다.

- 텍스트 : '0'

18 [사용자 인터페이스]에서 [웹뷰어]를 끌어 뷰어에 위치시킨다. 속성은 바꾸지 않는다.

19 보이지 않는 컴포넌트를 추가한다. [센서]-[시계], [저장소]-[타이니 DB] 컴포넌트를 끌어 뷰어에 아무데나 놓으면 보이지 않는 컴포넌트로 위치시킨다. [타이니 DB] 컴포넌트는 앱을 종료해도 값을 저장할 수 있는 기능을 가진 저장소이다.

20 [디자이너]에서 모든 디자인은 완료하였다. [블록] 화면으로 이동하자.

21 [블록]으로 이동하였다. 이제 프로그램을 만든다.

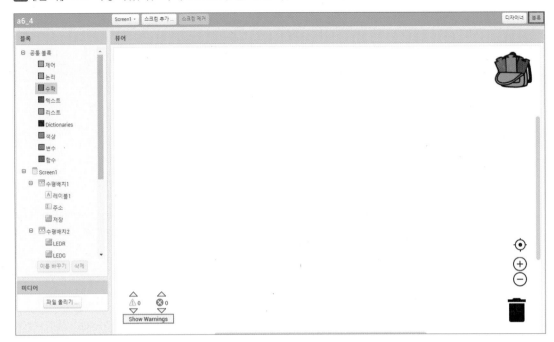

22 [변수] 컴포넌트에서 '시간' 이름으로 변수를 만든다. 변수의 값을 0의 숫자값으로 설정한다.

전역변수 만들기 시간 초기값 0

23 LEDR 버튼을 클릭했을 때 웹페이지에 접속하는 블록을 만들자. LEDR 버튼을 눌렀을 때 'http://[입력된IP주소]/LEDR'의 주소로 접속하여 빨간색 LED를 켠다. 전역변수 시간의 값을 20으로 설정한다.

언제 LEDR ▼ .클릭했을때
실행 호출 웹뷰어1 ▼ .URL로이동하기
　　　　　　　　url ⚙ 합치기 " http:// "
　　　　　　　　　　　　　　　　주소 ▼ . 텍스트 ▼
　　　　　　　　　　　　　　　　" /LEDR "
　　　지정하기 전역변수 시간 ▼ 값 20

24 LEDG 버튼을 클릭했을 때 웹페이지에 접속하는 블록을 만들자. LEDG 버튼을 눌렀을 때 'http://[입력된IP주소]/LEDG'의 주소로 접속하여 녹색 LED를 켠다. 전역변수 시간의 값을 20으로 설정한다.

언제 LEDG ▼ .클릭했을때
실행 호출 웹뷰어1 ▼ .URL로이동하기
　　　　　　　　url ⚙ 합치기 " http:// "
　　　　　　　　　　　　　　　　주소 ▼ . 텍스트 ▼
　　　　　　　　　　　　　　　　" /LEDG "
　　　지정하기 전역변수 시간 ▼ 값 20

25 LEDB 버튼을 클릭했을 때 웹페이지에 접속하는 블록을 만들자. LEDB 버튼을 눌렀을 때 'http://[입력된IP주소]/LEDB'의 주소로 접속하여 파란색 LED를 켠다. 전역변수 시간의 값을 20으로 설정한다.

26 LEDOFF 버튼을 클릭했을 때 웹페이지에 접속하는 블록을 만들자. LEDOFF 버튼을 눌렀을 때 'http://[입력된IP주소]/LEDOFF'의 주소로 접속하여 모든 LED를 끈다. 전역변수 시간의 값을 20으로 설정한다.

27 새로고침 버튼을 클릭했을 때는 'http://[입력된IP주소]'로 접속한다.

28 [시계1]은 디자이너에서 속성값을 변경하지 않았다. 기본값으로 1초마다 동작한다. 1초마다 전역변수 시간 값을 받아서 1초마다 -1씩 줄여준다. 버튼을 눌러 웹에 접속하면 전역변수 시간의 값은 20으로 된다. 1초마다 값을 줄여 0까지만든다. 그리고 그 값을 시간 텍스트에 보여준다. 웹에 접속할 때 너무 자주 하면 접속이 되지 않기 때문에 20초를 세서 20초 동안은 다른 버튼을 누르지 않게 하기 위함이다. 기능상으로는 버튼 누르는 것을 막지는 않지만 시각적으로 보여주는 역할이다.

29 [저장] 버튼을 클릭하면 'IP주소' 태그의 이름 으로 주소의 텍스트 값이 저장된다. 이 값은 앱을 종료 후 다시 실행하더라도 남아 있는 값이다.

30 블록에서 Screen1을 클릭하고 Screen1 초기화 되었을 때 블록을 뷰어에 위치시킨다.

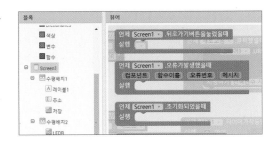

31 이 블록은 앱이 실행되었을 때 동작하는 블록이다.

32 아래 블록을 완성한다. 앱이 실행되었을 때 IP주소 태그 값에서 값을 읽어 주소 텍스트에 저장한다.

33 모든 블록을 완성하였다.

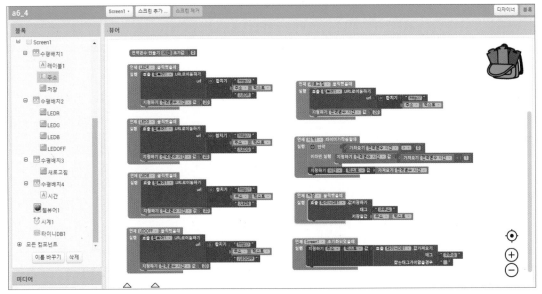

■ 완성 파일 : 자료제공\프로젝트\a6_4.aia

앱 버튼 눌러 페이지에 접속하여 LED 켜고 끄기

이제는 앱인벤터 앱을 만들어서 버튼을 눌러서 페이지에 접속하여 쉽게 LED를 켜고 꺼보자.

01 [연결]-[AI 컴패니언] 메뉴를 클릭하여 스마트폰과 연결한다.

02 앱을 실행하였을 때 IP주소를 입력하고 [저장] 버튼을 누르면 앱을 다시 실행하더라도 값이 저장되어 남아 있는다.

03 버튼을 눌러 실행 시켜보자. 가운데 숫자 값이 20초가 되었다가 0초로 줄어듦을 확인할 수 있다. 너무 자주 버튼을 누르면 실행이 되지 않기 때문에 버튼을 누른 후 20초 동안 기다렸다 다른 버튼을 눌러 보도록 한다.

동작 동영상은 아래 링크에서 확인 가능하다.

• https://youtu.be/uZiZ6yk-0nQ

Arduino app Inventor

CHAPTER 07

아두이노와 앱인벤터
인공지능 프로젝트

앱인벤터에서 제공하는 인공지능 프로젝트를 활용하여 아두이노와 연결하는 프로젝트를 구성한다. 사진을 찍어 물건을 인식하는 기본프로젝트와 내가 사진을 찍어 앱인벤터에 학습을 시켜 새로운 물건을 인식하는 프로젝트를 진행해보면서 인공지능의 학습의 원리를 이해 할 수 있다.

07 _ 1 인공지능 카메라로 사물을 인식하기

> **학습목표** 앱인벤터를 이용하여 스마트폰의 카메라로 물체를 인식하고 인식한 물체를 블루투스를 통해 아두이노로 전송하고 아두이노에서 LCD로 표시하는 장치를 만들어보자.

앱인벤터 프로그램으로 사물 인식 앱 만들기

앱인벤터에서 어떻게 사물을 인식하는지 앱을 만들어보자.

01 [프로젝트]-[새 프로젝트 시작하기] 메뉴를 클릭한 후 'a7_1'으로 이름을 넣고 [확인] 버튼을 눌러 새로운 프로젝트를 생성한다.

02 앱을 만들어보자. 앱인벤터에서는 기본기능으로 사물을 인식하기 위한 기능이 없다. 외부 기능을 추가하여 사물의 인식이 가능하다. 사물을 인식하게 하는 외부 기능의 이름은 'lookextension'이라는 확장 기능을 사용한다. 구글에서 'lookextension.aix'를 검색하고 첫 번째 사이트에 접속한다.

• https://mit-cml.github.io/extensions/

03 조금 스크롤을 내려 LookExtension.aix 파일을 다운로드 받는다

04 다운로드 받은 파일은 기본으로 [내 PC]-[다운로드] 폴더에 있다.

05 이제 앱인벤터로 다시 돌아와서 팔레트 영역의 [확장 기능]을 클릭하고 [확장 기능 추가하기]을 클릭한다.

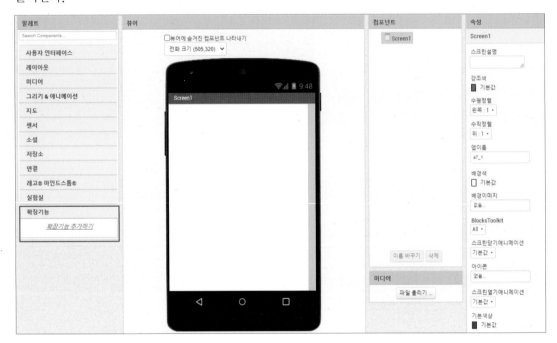

06 [파일 선택] 버튼을 클릭한다.

07 [다운로드] 폴더에서 다운로드 받은 LookExtension-20181124 파일을 선택한 후 [열기] 버튼을 클릭한다.

08 [Import] 버튼을 클릭하여 확장 기능을 추가하도록 하자.

09 업로드하는데 1분가량 소요된다. 확장 기능이 추가되면 다음처럼 Look 이름으로 확장 기능이 추가 된 것을 확인할 수 있다.

10 [레이아웃]에서 [수평배치]를 끌어와 뷰어에 위치시킨다. 속성값을 다음과 같이 설정한다.

• 수평정렬 : 가운데 3, 수직정렬 : 가운데 2, 높이 : 50픽셀, 너비 : 부모 요소에 맞추기...

11 [사용자 인터페이스]에서 [버튼]을 끌어와 수평배치1 안에 위치시킨다. 이름을 [카메라반전]으로 변경한다. [카메라반전] 컴포넌트의 속성을 다음과 같이 설정한다.

- 너비 : 100픽셀, 텍스트 : '카메라반전'

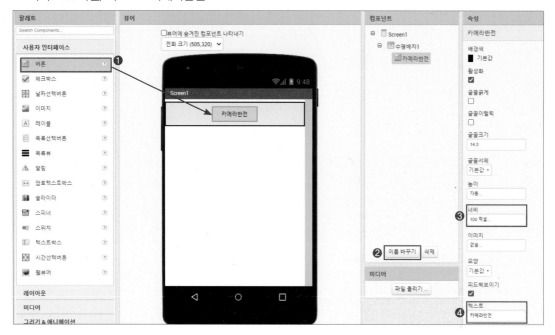

12 [사용자 인터페이스]에서 [버튼]을 끌어와 수평배치1 안에 위치시킨다. 이름을 [촬영]으로 변경한다. [촬영] 컴포넌트의 속성을 다음과 같이 설정한다.

- 너비 : 100픽셀, 텍스트 : '촬영'

13 [사용자 인터페이스]에서 [레이블]을 끌어와 뷰어 위치시킨다. 이름을 [상태]으로 변경한다. [상태] 컴포넌트의 속성을 다음과 같이 설정한다.

- 텍스트 : '기다리는중'

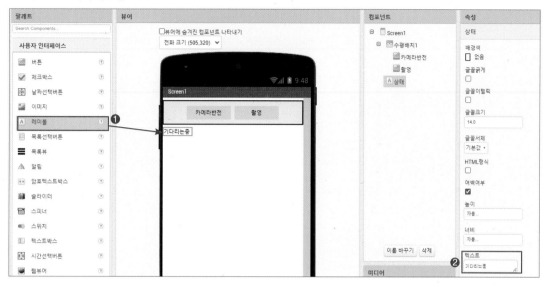

14 [사용자 인터페이스]에서 [웹뷰어]을 끌어와 뷰어 위치시킨다. 속성은 수정하지 않는다.

15 [확장 기능]에서 [LOOK]을 끌어와 뷰어에 위치시킨다.

16 LOOK1 컴포넌트의 속성을 다음과 같이 설정한다.

- WebViewer : 웹뷰어1

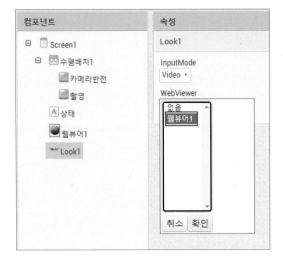

17 [Look]의 확장 기능은 웹뷰어와 함께 동작하여 카메라로 보여지는 데이터를 웹뷰어를 통해 볼 수 있다.

18 블록으로 이동하여 프로그램 한다. 카메라 버튼을 클릭했을 때 전방 카메라 또는 후방 카메라로 변경하는 기능이다.

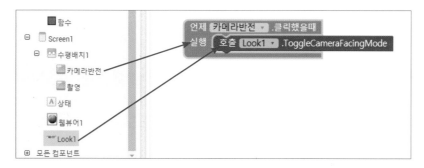

19 촬영 버튼을 클릭했을 때 Look의 기능을 활용하여 사진을 인식한다.

20 사진을 인식하여 기다릴 때 상태 레이블에 'Ready' 값을 보여준다.

```
언제 Look1 ▼ .ClassifierReady
실행  지정하기 상태 ▼ . 텍스트 ▼ 값 " Ready "
```

21 에러가 발생했을 때 상태 레이블에 'error' 값을 보여준다.

```
언제 Look1 ▼ .Error
    errorCode
실행  지정하기 상태 ▼ . 텍스트 ▼ 값 " error "
```

22 사진의 인식이 완료되었을 때 결과 값을 상태 레이블에 보여준다. 결과값은 리스트 형태로 출력된다. 리스트에서 출력되는 첫 번째 값이 가장 근접한 값으로 첫 번째 값만 선택하여 보여준다.

```
언제 Look1 ▼ .GotClassification
    결과
실행  지정하기 상태 ▼ . 텍스트 ▼ 값 | 항목 선택하기 리스트  가져오기 결과 ▼
                                위치 ①
```

23 모든 블록을 완성하였다.

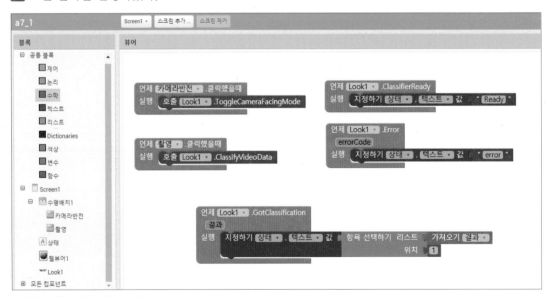

■ 완성 파일 : 자료제공\프로젝트\a7_1_1.aia

아두이노와 앱인벤터 연동 후 인공지능 카메라로 사물 인식해보기

01 [연결]-[AI 컴패니언] 메뉴를 클릭하여 스마트폰과 연결한다.

02 결과를 확인한다. 펜을 찍었을 때 ['pen', '0.33496'] 으로 출력된다. pen은 가장 확률이 높은 물체이고, 0.33496은 ×100을 하여 약 33% 확률이다. 두 번째 그림은 선풍기를 찍었을 때이다.

동작 동영상은 아래 링크에서 확인 가능하다.

* https://youtu.be/EdJXnxcuynl

아두이노와 블루투스 연결하여 LCD에서 값을 출력하기

준비물

부품명	수량
HC-06 블루투스 모듈	1개
I2C LCD	1개
암-수 점퍼케이블	4개
수-수 점퍼케이블	6개

아두이노 회로 구성

다음은 프리징과 실제로 구성한 회로 그림이다.

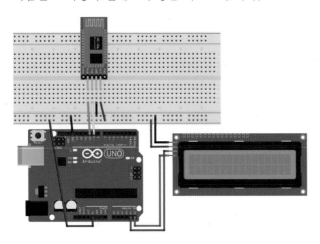

블루투스 통신 모듈의 VCC는 5V와 연결, GND는 GND와 연결, TX핀은 아두이노의 9번 핀에 연결,
LCD의 GND는 아두이노의 GND, LCD의 VCC핀은 아두이노의 5V, LCD의 SDA핀은 아두이노의
A4번, LCD의 SCL핀의 아두이노의 A5번 핀에 연결한다.

아두이노 LCD 테스트 코드 작성하기

01 [아두이노]-[스케치]-[라이브러리 포함하기]-[라이브러리 관리...] 메뉴를 클릭한다.

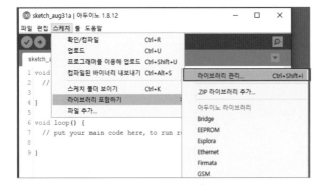

02 'lcd i2c'를 검색하고 스크롤을 아래로 내려 [LiquidCrystal I2C] 라이브러리를 설치한다.

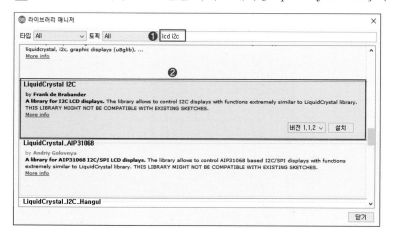

03 다음의 아두이노 코드를 작성 후 업로드 한다. LCD를 테스트하는 코드로 LCD가 잘 동작되는지 확인한다.

```
_7_1.ino
00    #include <Wire.h>
01    #include <LiquidCrystal_I2C.h>
02
03    LiquidCrystal_I2C lcd(0x27, 16, 2);
04
05    void setup()
06    {
07     lcd.init();
08     lcd.backlight();
09     lcd.setCursor(4, 0);
10     lcd.print("Hello!!");
11     lcd.setCursor(2, 1);
12     lcd.print("App Inventor");
13    }
14
15
16    void loop()
17    {
18    }
```

00 : I2C 라이브러리를 사용한다.

01 : I2C LCD 라이브러리를 사용한다.

03 : 0x27번지 16글자, 2라인의 LCD로 초기화 한다. I2C LCD는 0x27번지와 0x3F 번지의 LCD가 시중에 많이 판매되어 유통되고 있다. 0x27번지로 하여 동작하지 않는다면 0x3F로 수정하여 진행한다.

07 : LCD를 초기화한다.

08 : LCD의 백라이트를 켠다.

09 : 커서의 위치를 4칸, 0줄로 이동한다.

10 : 'Hello!!' 글자를 출력한다.

11 : 커서의 위치를 2칸, 1줄로 이동한다.

12 : 'App Inventor' 글자를 출력한다.

16~18 : loop 에서는 아무동작도 하지 않는다.

04 업로드 버튼(▣)을 눌러 업로드 한다.

05 LCD에 글자가 출력되는지 확인한다.

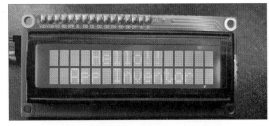 

※ 만약 글자가 잘 보이지 않는다면 I2C LCD의 뒤편에 파란색 가변저항을 돌려 글자의 선명도를 조절할 수 있다.

글자가 아래 사진처럼 선명하게 보이도록 가변저항을 돌려 조절한다.

06 LCD를 확인하였으면 블루투스로 데이터를 받아서 LCD에 표시하는 아두이노 프로그램을 업로드한다.

_7_1_2.ino

```
00      #include <Wire.h>
01      #include <LiquidCrystal_I2C.h>
02      #include <SoftwareSerial.h>
03
04      LiquidCrystal_I2C lcd(0x27, 16, 2);
05
06      SoftwareSerial btSerial(9, 10);
07
```

```
08      void setup()
09      {
10       btSerial.begin(9600);
11       lcd.init();
12       lcd.init();
13       lcd.backlight();
14      }
15
16      void loop()
17      {
18       if (btSerial.available())
19       {
20              String strData = btSerial.readStringUntil( ' \n ' );
21              strData.trim();
22              lcd.clear();
23              lcd.setCursor(0, 0);
24              lcd.print(strData);
25       }
26      }
```

20 : String(문자열) 형태의 변수 strData를 선언하고 '₩n'을 만날때까지 저장한다. '₩n'문자를 만나면 저장을 종료하고 strData에 문자열을 넣는다.

21 : strData문자열 변수에 저장된 값에서 .trim을 이용하여 공백을 제거한다.

22 : lcd의 글자를 지운다

23 : 커서의 위치를 0,0으로 위치시킨다.

24 : 데이터를 LCD에 표시한다.

07 업로드 버튼( )을 눌러 업로드 한다.

08 a7_1 앱인벤터 프로그램에서 블루투스 기능을 추가한다.

09 [레이아웃]에서 [수평배치]를 끌어 수평배치1 위에 뷰어의 맨 위에 위치시킨다.

속성값을 다음과 같이 설정한다.

- 수평정렬 : 가운데 3, 수직정렬 : 가운데 2, 높이 : 50픽셀, 너비 : 부모 요소에 맞추기...

10 [사용자 인터페이스]에서 [목록선택버튼]을 끌어와 뷰어의 수평배치2 안에 위치시킨다. 이름을 [연결하기]로 바꾼다. [연결하기] 컴포넌트의 속성을 다음과 같이 설정한다.

- 너비 : 100픽셀, 텍스트 : '연결하기'

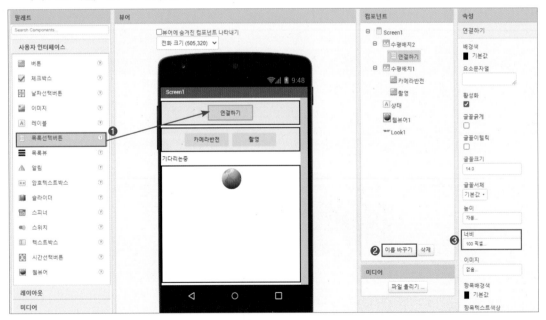

11 [사용자 인터페이스]에서 [목록선택버튼]을 끌어와 뷰어의 수평배치2 안에 위치시킨다. 이름을 [연결끊기]로 바꾼다. [연결끊기] 컴포넌트의 속성을 다음과 같이 설정한다.

• 너비 : 100픽셀, 텍스트 : '연결끊기', 텍스트색상 : 빨간색

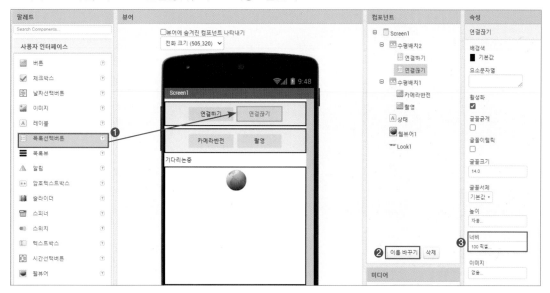

12 [연결]에서 [블루투스 클라이언트]를 끌어 뷰어에 위치시킨다. [사용자 인터페이스]에서 [알림]을 끌어 뷰어에 위치시킨다. 보이지 않는 컴포넌트가 추가되었다.

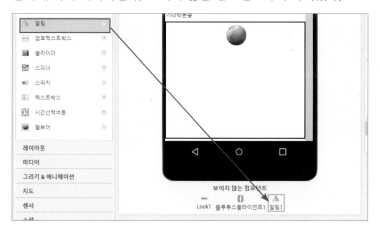

13 이제 블록으로 넘어와 블루투스 기능을 추가하도록 하자. 다음의 블록을 추가한다. 블루투스 연결에 자주 사용하는 기능으로 배낭에 넣어두고 꺼내어 사용한다.

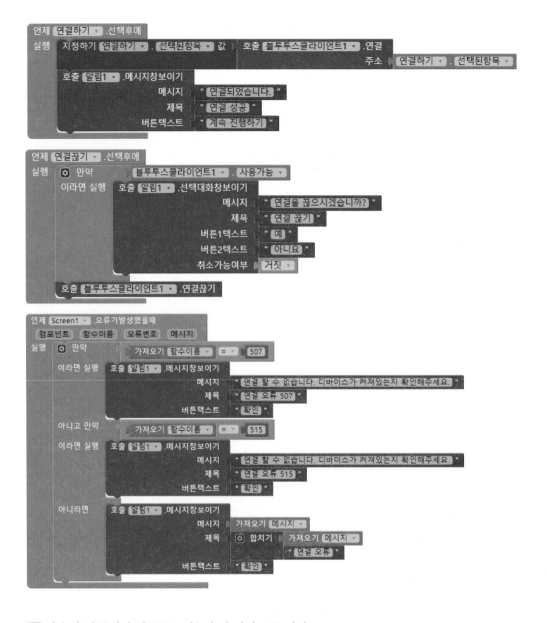

14 다음의 블록에서 블루투스기능을 추가하도록 하자.

15 블루투스로 결과값을 전송하는 기능을 추가하였다. 'Wn'은 종료 문자로 아두이노에서 값의 마지막을 알기 위해 사용한다. 블루투스로 데이터를 보낼때는 촬영된 물건의 이름만 보내기 위해서 리스트 안에 리스트의 위치를 추가하였다.

16 모든 블록이 완성되었다.

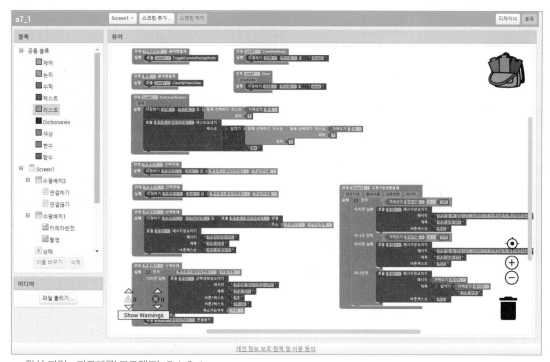

■ 완성 파일 : 자료제공\프로젝트\a7_1_2.aia

아두이노와 앱인벤터 연동 후 전달받은 데이터 LCD에 표시하기

01 [연결]-[AI 컴패니언] 메뉴를 클릭하여 스마트폰과 연결한다.

02 앱에서 실행했을 때 화면이다. [연결하기] 버튼을 눌러 블루투스 모듈과 연결한다.

 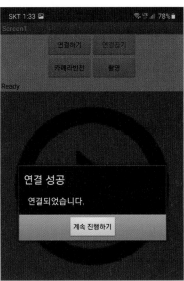

03 선풍기를 촬영하였을 때 'eletric fan'으로 출력된다.

04 앱인벤터에서 블루투스를 통해 아두이노로 데이터를 전달하
였고 전달받은 데이터를 LCD에 표시를 하였다.

05 펜을 촬영하였을 때 'pen'으로 출력되고, 'pen'이 LCD에 표시되었다.

06 다양한 물건을 찍어서 확인해보도록 한다.

lookextension 사용해서 모든 물건이 정확하게 알아내지는 못한다. 약 400개 가량의 물건이 등록되
어 있어 등록된 물건에 한에서만 분류를 할 수 있다. 다음장에서는 사진을 찍어 학습하고 학습된 내
용을 앱인벤터에서 적용하여 분류할 수 있는 기능을 활용해 보도록 한다. 사진을 찍어 학습을 시키
면 어떤 물건이라도 학습이 가능하다. 물건의 종류에 상관없이 학습이 가능하므로 적용할 수 있는
분야가 많다.

동작 동영상은 아래 링크에서 확인 가능하다.

• https://youtu.be/EdJXnxcuynl

07 _ 2 인공지능으로 분류기 만들기

학습목표

여러 장의 사진을 찍어 인공지능으로 학습 후 앱인벤터 프로그램을 만든다. 분류 후 블루투스 통신을 통해 아두이노로 전송을 하고 아두이노는 값을 LCD에 표시하고 값에 맞는 LED를 켠다.

아두이노 회로 연결 및 프로그램 작성하기

준비물

부품명	수량	부품명	수량
HC-06 블루투스 모듈	1개	수-수 점퍼케이블	9개
I2C LCD	1개	빨강,노랑,파랑LED	각각 1개
암-수 점퍼케이블	4	220옴 저항	3개

아두이노 회로 구성

아두이노 회로는 다음과 같이 연결한다.

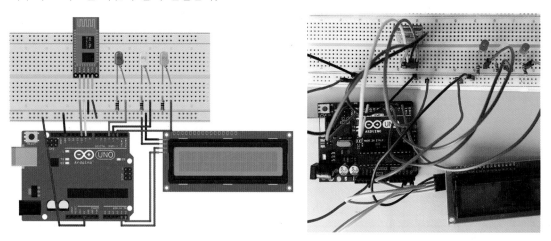

블루투스 통신 모듈의 VCC는 5V와 연결, GND는 GND와 연결, TX핀은 아두이노의 9번 핀에 연결, LCD의 GND는 아두이노의 GND, LCD의 VCC핀은 아두이노의 5V, LCD의 SDA핀은 아두이노의 A4번, LCD의 SCL핀의 아두이노의 A5번핀에 연결한다.

빨간색 LED의 긴다리는 아두이노의 4번핀, 노란색LED의 긴다리는 아두이노의 3번핀, 파란색LED의 긴다리는 아두이노의 2번핀에 연결한다.

아두이노 코드 작성하기

다음과 같이 코드를 작성한다.

```
_7_2.ino
00    #include <Wire.h>
01    #include <LiquidCrystal_I2C.h>
02    #include <SoftwareSerial.h>
03
04    LiquidCrystal_I2C lcd(0x27, 16, 2);
05
06    SoftwareSerial btSerial(9, 10);
07
08    int ledR =4;
09    int ledY =3;
10    int ledB =2;
11
12    void setup()
13    {
14     btSerial.begin(9600);
15     lcd.init();
16     lcd.backlight();
17
18     pinMode(ledR, OUTPUT);
19     pinMode(ledY, OUTPUT);
20     pinMode(ledB, OUTPUT);
21    }
22
23    void loop()
24    {
25     if (btSerial.available())
26     {
27            String strData = btSerial.readStringUntil( '\n' );
28            strData.trim();
29            lcd.clear();
30            lcd.setCursor(0, 0);
31            lcd.print(strData);
32            if (strData.indexOf( "driver" ) >=0 )
33            {
34             digitalWrite(ledR, LOW);
35             digitalWrite(ledY, LOW);
36             digitalWrite(ledB, HIGH);
37            }
38            else if (strData.indexOf( "switch" ) >=0 )
39            {
40             digitalWrite(ledR, LOW);
41             digitalWrite(ledY, HIGH);
42             digitalWrite(ledB, LOW);
43            }
44            else if (strData.indexOf( "led" ) >=0 )
45            {
```

```
46              digitalWrite(ledR, HIGH);
47              digitalWrite(ledY, LOW);
48              digitalWrite(ledB, LOW);
49          }
50      }
51  }
```

08~10 : led 핀에 해당하는 변수를 만들고 값을 대입한다.

18~20 : led로 사용하는 핀들을 출력으로 설정한다.

27 : 종료 문자인 '₩n'을 만나기 전까지 String 타입의 strData 변수에 대입한다. '₩n' 종료 문자를 만나기 전까지 여러 글자가 저장된다.

28 : 공백을 제거한다.

31 : lcd에 받은 글자를 표시한다.

32~37 : 받은 문자열이 driver라면 파란색 LED만 켠다. .indexOf는 문자를 찾는 기능이다. 해당하는 문자열을 찾으면 첫 번째 찾은 값의 주소번지를 리턴한다. driver를 찾았는데 drive의 d에 해당하는 첫 번째 문자가 0번째에 위치하고 있기 때문에 0을 리턴한다. 찾는 문자열이 없다면 -1을 리턴한다. 그렇기 때문에 0이상이면(0포함) 값을 찾은 것이다.

38~43 : 받은 문자열이 switch라면 노란색 LED만 켠다.

44~49 : 받은 문자열이 led라면 빨간색 LED만 켠다.

이미지 분류기에 사진 등록하기

01 앱인벤터에서 제공하는 이미지 분류기(Personal Image Classifier) 사이트에 접속한다.

다음 사이트에서는 이미지를 분류해서 알고리즘을 만들 수 있다.

• https://classifier.appinventor.mit.edu/oldpic/

02 우리는 아두이노 키트에 있는 부품 3개를 이용하여 분류모델을 생성하여 보자.

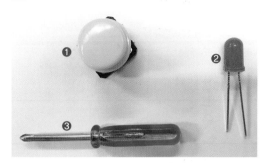

❶ 스위치에 노란색 캡을 씌웠다

❷ 빨간색 LED

❸ 소형 드라이버

03 흰색 배경에 각각의 부품을 사진을 찍어서 준비한다. 최소 5장 이상 여러 각도로 찍어서 준비한다. [제공자료] 폴더의 [인공지능] 사진에서는 미리 찍어둔 사진을 활용하여 진행할 수 있다.

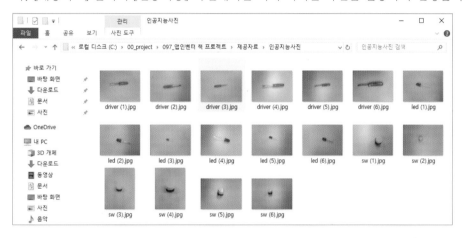

04 사이트에서 'driver'를 입력한 후 [Add lable] 버튼을 클릭한다. 모델이 생성되면 이름으로 분류가 되기 때문에 이름이 중요하다.

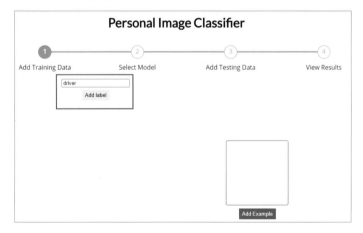

05 [파일 선택] 버튼을 눌러 드라
이버의 사진을 선택한다. 단, 한
번에 여러 장의 사진 선택은 불가
능하여 한 장 한 장씩 선택하여
넣어야 한다.

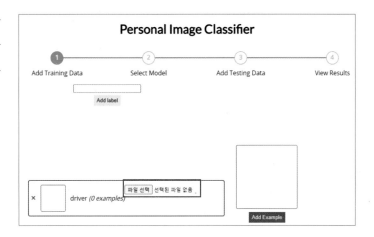

06 사진 중 한 장 선택한 후 [열기] 버튼을 클릭한다.

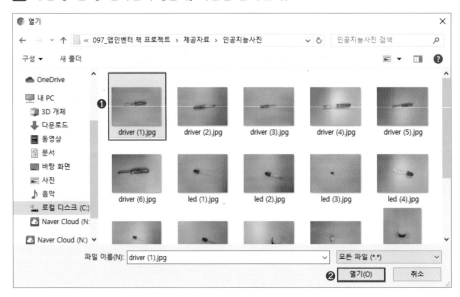

07 1 examples로 1장이 추가되었다. 나머지 드라이버의 사진들도 [파일선택] 버튼을 눌러 한 장씩
모두 입력한다.

08 여기서는 총 6장이 추가되었다.

09 이번에는 led를 추가하자. 'led'를 입력한 후 [Add label] 버튼을 눌러 항목을 추가한다.

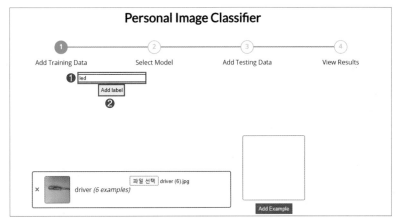

10 LED의 사진을 추가한다.

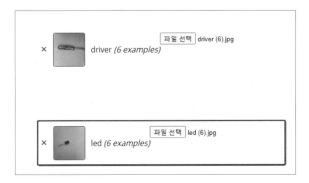

11 'switch'를 입력한 후 [Add label] 버튼을 클릭한다.

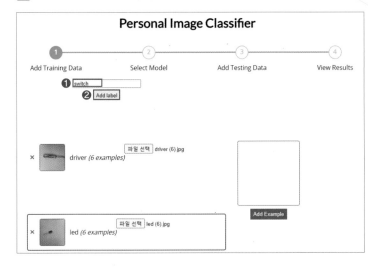

12 스위치의 사진도 추가되었다.

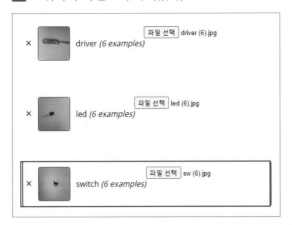

13 [Next] 버튼을 눌러 다음으로 진행한다.

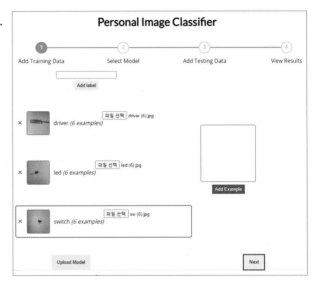

14 [Train model] 버튼을 클릭한다.

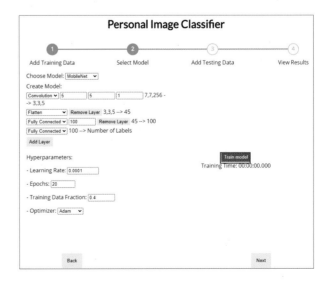

15 테스트할 수 있는 창으로 만든 모델을 바탕으로 새로운 사진을 찍어 결과를 테스트할 수 있다. [Next] 버튼을 눌러 다음으로 진행한다.

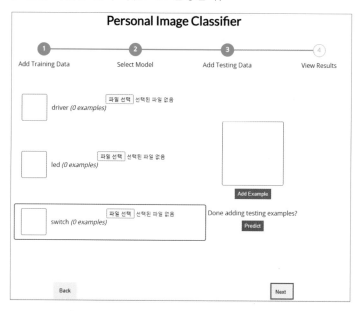

16 [Download Model] 버튼을 눌러 모델 데이터를 다운로드 한다.

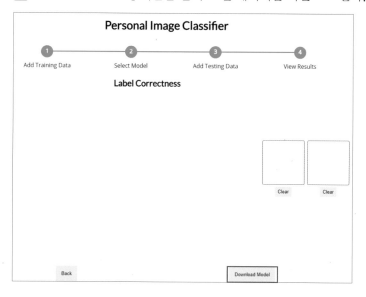

17 다운로드 폴더에 'model' 파일이 다운로드 되었다. 앱인벤터에서 이 파일을 불러 사용한다.

18 앱인벤터에서 이미지 분류기를 사용하기 위해서는 확장 기능 파일이 필요하다. 구글에서 'PersonalImageClassifier.aix'를 검색 후 아래 사이트에 접속한다.

19 스크롤을 아래로 내려 'PersonalImageClassifier.aix' 파일을 다운로드 한다.

20 다운로드 폴더에 'PersonalImageClassifier.aix' 파일이 다운로드 되었다.

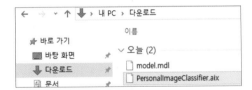

이미지 분류기 앱 만들기

01 [프로젝트]-[새 프로젝트 시작하기] 메뉴를 클릭한 후 'a7_2'으로 이름을 넣고 [확인] 버튼을 눌러 새로운 프로젝트를 생성한다.

02 새로운 프로젝트를 시작하자.

03 [레이아웃]에서 [수평배치]를 끌어와 뷰어에 위치시킨다. 속성을 다음과 같이 설정한다.

• 수평정렬 : 가운데 3, 수직정렬 : 가운데 2, 높이 : 50픽셀, 너비 : 부모 요소에 맞추기...

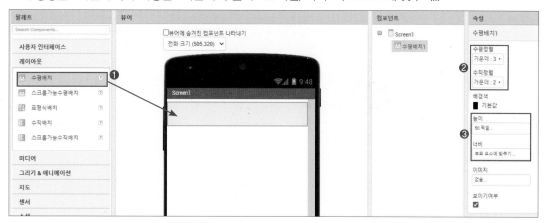

04 [사용자 인터페이스]에서 [목록선택버튼]을 끌어와 뷰어의 수평배치1 안에 위치시킨다. 이름을 '연결하기'로 변경한다. '연결하기'의 속성을 다음과 같이 설정한다.

- 높이 : 부모 요소에 맞추기..., 너비 : 부모 요소에 맞추기..., 텍스트 : '블루투스 연결'

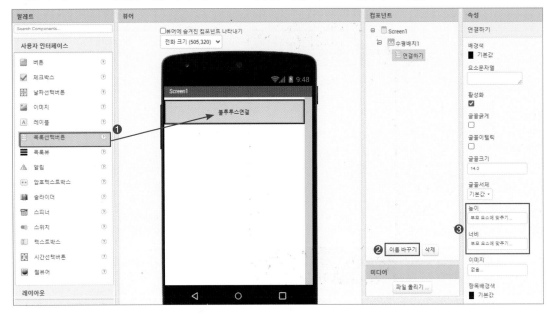

05 [사용자 인터페이스]에서 [목록선택버튼]을 끌어와 뷰어의 수평배치1 안에 위치시킨다. 이름을 '연결끊기'로 변경한다. '연결끊기'의 속성을 다음과 같이 설정한다.

- 높이 : 부모 요소에 맞추기..., 너비 : 부모 요소에 맞추기..., 텍스트 : '블루투스 연결끊기'

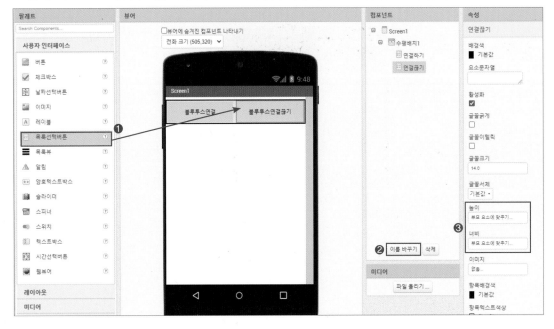

06 [레이아웃]에서 [수평배치]를 끌어와 뷰어에 위치시킨다. 속성을 다음과 같이 설정한다.

- 수평정렬 : 가운데 3, 수직정렬 : 가운데 2, 높이 : 50픽셀, 너비 : 부모 요소에 맞추기...

07 [사용자 인터페이스]에서 [버튼]을 끌어와 뷰어의 수평배치2 안에 위치시킨다. 이름을 '카메라반전'로 변경한다. '카메라반전'의 속성을 다음과 같이 설정한다.

- 높이 : 부모 요소에 맞추기..., 너비 : 부모 요소에 맞추기..., 텍스트 : '카메라반전'

08 [사용자 인터페이스]에서 [버튼]을 끌어와 뷰어의 수평배치2 안에 위치시킨다. 이름을 '카메라촬영'로 변경한다. '카메라촬영'의 속성을 다음과 같이 설정한다.

- 높이 : 부모 요소에 맞추기..., 너비 : 부모 요소에 맞추기..., 텍스트 : '카메라촬영'

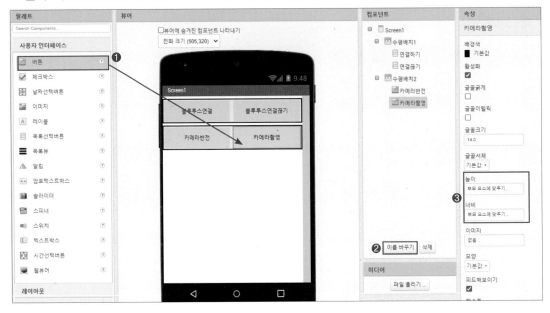

09 [사용자 인터페이스]에서 [레이블]을 끌어와 뷰어에 위치시킨다. 이름을 [상태표시]로 변경한다. [상태표시] 컴포넌트의 속성을 다음과 같이 설정한다.

- 텍스트 : '사진을 찍은 후 기다려주세요'

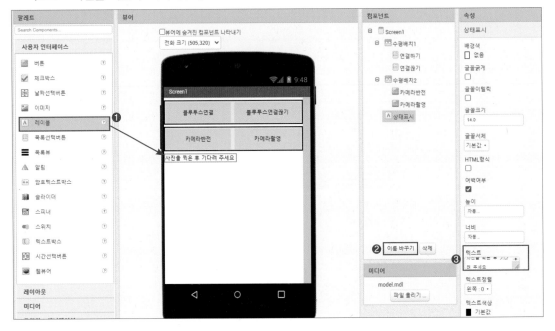

10 [레이아웃]에서 [수평배치]를 끌어와 뷰어에 위치시킨다. 속성을 다음과 같이 설정한다.

• 높이 : 부모 요소에 맞추기..., 너비 : 부모 요소에 맞추기...

11 [사용자 인터페이스]에서 [웹뷰어]를 끌어다 뷰어의 수평배치3 안에 위치시킨다. 속성값은 변경하지 않는다.

⓬ '확장 기능 추가하기'를 클릭한 후 다운로드 받았던 'PersonalImageClassifier.aix' 파일을 선택한 후 [열기] 버튼을 클릭한다.

⓭ [Import] 버튼을 눌러 추가한다. 1~2분 정도의 시간이 소요된다. 다음과 같이 확장 기능이 추가되었다.

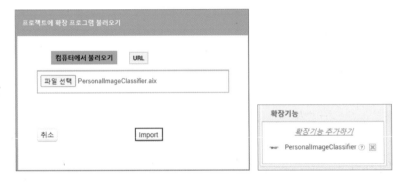

⓮ 사진을 찍어 만들어 두었던 model 파일을 불러오자. [미디어]–[파일 올리기...] 버튼을 클릭한다. [파일 선택] 버튼을 클릭한다.

⓯ 'model' 파일을 선택한 후 [열기] 버튼을 클릭한다. [확인] 버튼을 클릭하면 미디어에서 'model.mdl' 파일이 올라간 것을 확인할 수 있다.

16 [확장 기능]에서 [PersonalImageClassifier]을 추가하도록 하자.

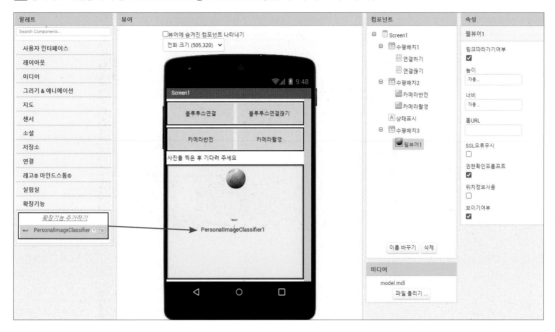

17 [PersonalImageClassifier] 속성에서 Model을 클릭하여 [model.mdl] 파일을 선택한 후 [확인] 버튼을 클릭한다.

18 [PersonalImageClassifier] 속성에서 WebViewer을 클릭하여 [웹뷰어1]을 선택한 후 [확인] 버튼을 클릭한다.

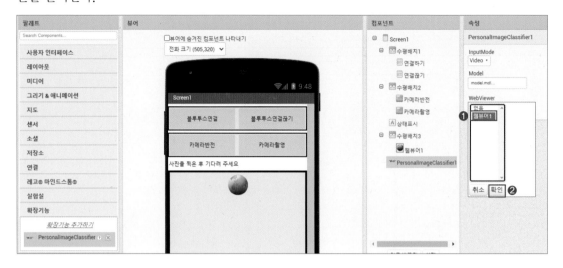

19 Model과 WebViewer의 선택이 완료되었다.

20 [사용자 인터페이스]에서 [알림]을 추가한다. [연결]에서 [블루투스 클라이언트]를 추가한다. 두 개의 속성은 수정하지 않는다.

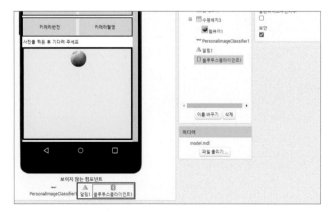

21 [디자이너] 구성을 완료하였다. [블록]으로 이동하여 프로그램 하도록 하자.

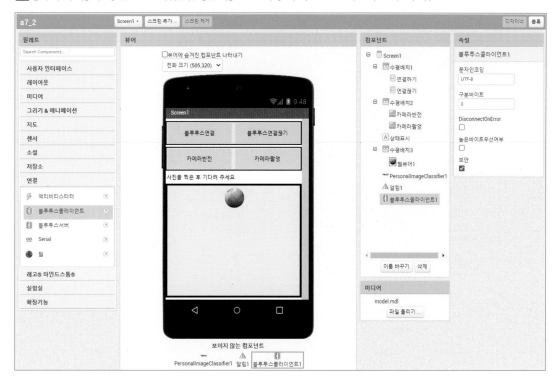

22 블루투스 관련 기본 기능을 추가하도록 하자.

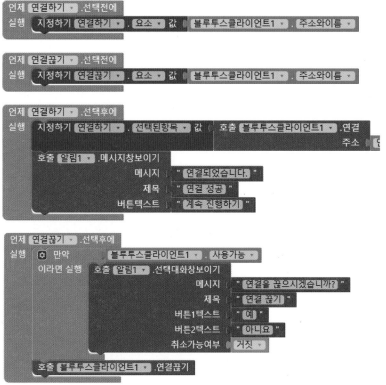

언제 Screen1 ▼ .오류가발생했을때
컴포넌트 함수이름 오류번호 메시지
실행 ⚙ 만약   가져오기 함수이름 ▼ = ▼ 507
      이라면 실행 호출 알림1 ▼ .메시지창보이기
                              메시지 " 연결 할 수 없습니다. 디바이스가 켜져있는지 "
                              제목 " 연결 오류 507 "
                              버튼텍스트 " 확인 "
      아니고 만약   가져오기 함수이름 ▼ = ▼ 515
      이라면 실행 호출 알림1 ▼ .메시지창보이기
                              메시지 " 연결 할 수 없습니다. 디바이스가 켜져있는지 "
                              제목 " 연결 오류 515 "
                              버튼텍스트 " 확인 "
      아니라면   호출 알림1 ▼ .메시지창보이기
                              메시지 가져오기 메시지 ▼
                              제목 ⚙ 합치기 가져오기 메시지 ▼
                                            " 연결 오류 "
                              버튼텍스트 " 확인 "

23 처음 시작할 때 [상태표시] 레이블에 '사진을 찍은 후 기다려 주세요' 문구를 출력한다.

언제 Screen1 ▼ .초기화되었을때
실행 지정하기 상태표시 ▼ . 텍스트 ▼ 값 " 사진을 찍은 후 기다려 주세요 "

24 [카메라반전] 버튼을 클릭했을 때 스마트폰의 전면/후면 카메라로 변경하는 기능이다.

언제 카메라반전 ▼ .클릭했을때
실행 호출 PersonalImageClassifier1 ▼ .ToggleCameraFacingMode

25 [카메라촬영] 버튼을 클릭했을 때 사진을 찍어 모델을 분류한다. [상태표시] 레이블에는 '잠시만 기다려 주세요' 문구를 출력한다.

언제 카메라촬영 ▼ .클릭했을때
실행 호출 PersonalImageClassifier1 ▼ .ClassifyVideoData
      지정하기 상태표시 ▼ . 텍스트 ▼ 값 " 잠시만 기다려 주세요 "

26 사진의 분류가 완료되었으면 [상태표시] 레이블에 분류된 이름을 보여준다. 결과값이 리스트 형태로 출력되기 때문에 결과값 부분만 보여준다.

블루투스가 연결되어있다면 블루투스를 통해 결과값을 보여준다. 아두이노에서 마지막 값을 알기 위해 결과값의 끝에 종료 문자인 '₩n'을 붙여서 보내준다

27 모든 블록을 완성하였다.

■ 완성 파일 : 자료제공\프로젝트\a7_2.aia

물체 촬영 후 물체를 나타내는 문자 출력하기

28 결과를 확인한다. 앱을 처음 실행했을 때 화면이다. [블루투스 연결] 버튼을 눌러 블루투스와 연결한다. [카메라반전] 버튼을 눌러 전/후방 카메라 변경이 가능하다.

29 [카메라촬영] 버튼을 눌러 빨강 LED의 사진을 찍는다. 'led' 결과를 확인한다.

30 아두이노에서도 빨간색 LED가 켜지고 LCD의 문자가 'led'를 출력하는지 확인한다.

31 스위치의 사진을 찍는다. 결과값이 'switch'가 출력되는지 확인한다.

32 아두이노에서도 노란색 LED켜지고 LCD의 문자가 'switch'를 출력하는지 확인한다.

33 드라이버의 사진을 찍는다. 결과값이 'driver'가 출력되는지 확인한다.

34 아두이노에서도 파란색 LED켜지고 LCD의 문자가 'driver'를 출력하는지 확인한다.

지금까지 앱인벤터에서 사진을 학습하였고 학습한 결과를 앱인벤터에서 확인하고 결과값을 아두이노로 전송하여 아두이노에서는 결과값에 맞는 동작을 하였다.

• https://youtu.be/EdJXnxcuynl

Arduino app Inventor

CHAPTER 08

스마트 자동차 조립하고 조종앱 만들어 구동하기

블루투스로 조종되는 스마트 자동차를 조립하고 아두이노에 프로그램하여 조종이 가능하도록 만든다. 앱인벤터를 활용하여 스마트 자동차를 조종하는 앱을 만들고 그 앱을 활용하여 스마트 자동차를 조종하여 본다.

08 _ 1 스마트자동차 조립하기 및 아두이노 프로그램

학습목표 스마트자동차를 조립하고 블루투스 통신을 통해 스마트자동차의 모터를 제어하여 자동차의 방향을 제어하는 아두이노 프로그램을 완성한다.
앱인벤터로 블루투스 통신을 통해 스마트자동차를 조종하는 앱을 만들어 스마트자동차 프로젝트를 완성한다.

아두이노 회로 연결 및 스마트자동차 부품 조립하기

필요한 부품은 다음과 같다. 아두이노 우노 보드는 아두이노 키트에서 꺼내어 사용한다.

준비물

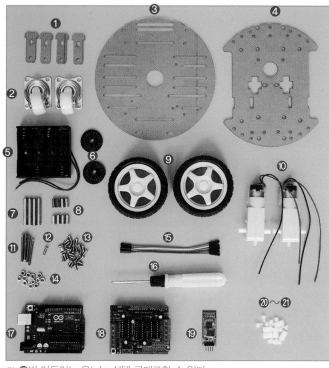

번호	부품명	수량
❶	모터 지지대	4개
❷	앞뒤바퀴	2개
❸	몸체위판	1개
❹	몸체아래판	1개
❺	배터리홀더	1개
❻	속도검출기(사용하지 않음)	1개
❼	긴 서포트	4개
❽	짧은 서포트	8개
❾	바퀴	2개
❿	모터	2개
⓫	긴 접시머리 볼트	4개
⓬	짧은 접시 볼트	1개
⓭	짧은 둥근 볼트	24개 이상
⓮	너트	5개 이상
⓯	암-암 10cm 점퍼케이블	4개 이상
⓰	+-변환 드라이버	1개
⓱	아두이노 우노	1개
⓲	모터 드라이버 쉴드	1개
⓳	HC-06블루투스 모듈	1개
⓴	플라스틱서포트	4개 이상
㉑	플라스틱 볼트	6개 이상

※ ⓱번 아두이노 우노는 선택 구매로할 수 있다.

조립하기

[01] 자동차의 몸체 부분을 준비한다.

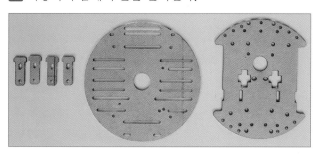

02 스티커를 제거한다. 손톱이나 뾰족한 도구를 이용하여 끝부분을 들어 올리면 쉽게 제거가 가능하다. 스티커를 제거 후 투명 아크릴 만 남았다.

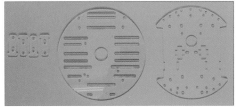

03 앞뒤 바퀴를 조립한다. 짧은 서포트 8개와 짧은 둥근볼트 16개를 준비한다.

04 바퀴와 짧은 서포트를 볼트를 이용하여 조립한다. 나머지 바퀴2개 8군데 서포트를 조립한다.

05 바퀴와 몸체 부분을 짧은 둥근볼트를 이용하여 결합한다.

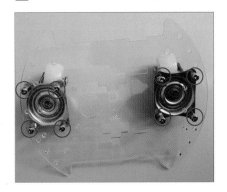

06 긴 서포트 4개, 짧은 둥근볼트 4개와 자동차의 몸체를 준비한다.

07 4군데를 다음 그림과 같이 조립한다. 바퀴는 아래쪽 서포트는 위쪽을 향하게 한다.

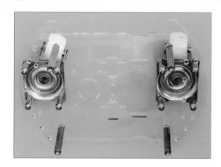

08 몸체와 모터 및 바퀴를 조립한다.

모터 2개, 바퀴 2개, 긴 접시머리 볼트 4개, 너트 4개, 모터 지지대 4개

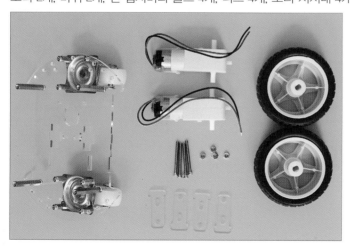

09 모터 지지대를 준비한다. 모터 지지대를 다음과 같이 넣는다.

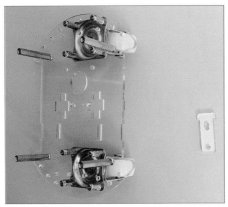 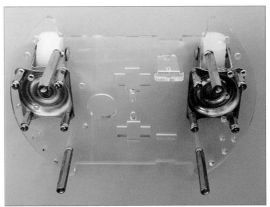

10 모터는 빨간색 선이 위쪽으로 향하게 한다. 모터 지지대를 하나 더 사용하여 반대쪽을 지지한다. 긴 접시머리 볼트를 다음 사진과 같이 넣는다.

 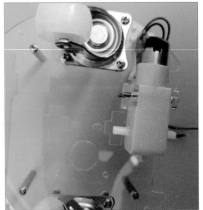

11 너트를 이용하여 조립한다. 모터가 흔들리지 않게 드라이버를 이용하여 단단하게 조립한다. 반대쪽 모터도 같은 방법으로 조립한다.

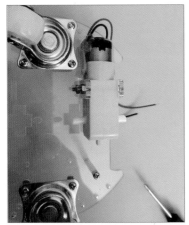 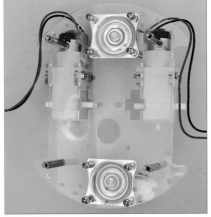

12 모터의 홈과 바퀴의 홈을 확인한다. 홈에 맞춘 후 바퀴를 모터에 힘을 주어 밀어 넣어서 조립한다. 반대편 바퀴도 모터에 밀어 넣어 조립한다.

13 자동차의 동그란 몸체와 아두이노 우노를 결합시킨다. 플라스틱서포트 4개, 플라스틱 볼트 6개를 준비한다.

14 아두이노 우노와 서포트를 결합한다. 다음의 사진에서 빨간색 동그라미 안에 부분은 볼트머리가 커서 조립하기 힘들 수 있다.

15 다음은 서포트가 조립된 아두이노 보드의 아래쪽 부분이다. 다음의 빨간 원안에 2군데를 플라스틱 볼트를 이용하여 결합한다. 나머지 2개는 아두이노 보드를 지지하는 역할만 한다.

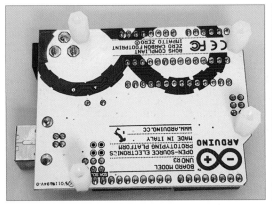 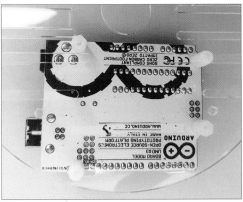

16 배터리 홀더와, 짧은 접시머리 볼트 1개, 너트 1개를 준비한다.

17 다음 사진과 같이 접시머리 볼트를 배터리 홀더에 넣는다. 뒤로 돌려 접시머리 볼트의 반대쪽 부분을 너트를 이용하여 고정한다. 드라이버를 이용하여 단단하게 고정한다.

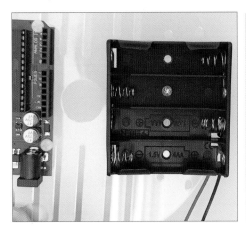 

18 자동차의 상하 부분을 조립한다. 짧은 둥근머리 볼트 4개를 준비한다.

19 사진과 같이 방향을 맞춘다. 모터의 선이 나와 있는 방향과 아두이노 보드의 방향이 같다

20 다음의 4군데를 짧은 둥근머리 볼트를 이용하여 단단하게 조립한다.

위의 사진에서 잘 안보였던 부분이다. 자동차의 상하 바디를 짧은 둥근 머리볼트 4개를 이용하여 단단하게 조립한다.

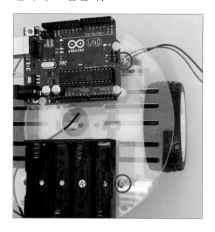

21 모터 드라이버 쉴드를 준비한다.

22 모터 드라이버 쉴드를 아두이노 보드에 조립한다. 모터 드라이버 쉴드를 아두이노 보드에 조립한다. 옆에서 본 모습으로 다음 사진과 같이 조립한다.

23 모터에서 나오는 선을 정리한다. 모터에서 나오는 케이블을 위의 구멍에 넣어준다.

24 케이블을 다음과 같이 아래에서 위쪽으로 올려준다.

25 모터 쉴드와 모터 케이블을 색상에 주의해서 연결한다. 쉴드와 선을 연결 시 선을 너무 깊숙하게 넣으면 선의 피복에만 연결이 되어 전기적으로 연결되지 않는다. 그러므로 선에 피복이 벗겨진 부분이 커넥터와 연결이 되게 너무 깊지 않게 넣어 연결한다.

26 배터리 케이블도 다음과 같이 연결한다. 블루투스 모듈, 10cm 암/암 점퍼 케이블 4개를 준비한다.

27 다음과 같이 블루투스와 모터 쉴드를 모두 연결한 후 블루투스 모듈을 가운데 구멍에 넣어 정리한다.

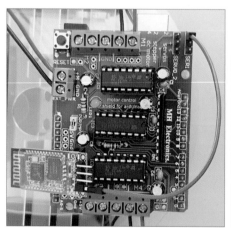

28 다음은 조립 완료된 상태이다.

▲ 조립 완료(앞모습)

▲ 조립 완료(뒷모습)

29 AA배터리 4개를 배터리 홀더에 넣는다.

※ 배터리는 AA사이즈로 4개가 필요하며 별도로 구매하여야 한다.

아두이노 코드 작성하기

다음과 같이 아두이노 회로를 구성한다.

```
_8_1.ino
00    #include <SoftwareSerial.h>
01    #include <AFMotor.h>
02
03    AF_DCMotor motor_1(1);
04    AF_DCMotor motor_4(4);
05
06    SoftwareSerial BTSerial(9, 10);
```

```
07
08    void setup() {
09     motor_1.setSpeed(0);
10     motor_1.run(RELEASE);
11     motor_4.setSpeed(0);
12     motor_4.run(RELEASE);
13
14     BTSerial.begin(9600);
15    }
16
17    void loop() {
18            if (BTSerial.available()){
19             char val = BTSerial.read();
20             if(val == 'f') go_motor(170);
21             else if(val == 'b') back_motor(170);
22             else if(val == 'r') right_motor(150);
23             else if(val == 'l') left_motor(150);
24             else if(val == 's') stop_motor();
25             else stop_motor();
26            }
27    }
28
29    void go_motor(uint8_t speedSet) {
30     motor_1.setSpeed(speedSet);
31     motor_4.setSpeed(speedSet);
32     motor_1.run(FORWARD);
33     motor_4.run(FORWARD);
34    }
35
36    void back_motor(uint8_t speedSet) {
37     motor_1.setSpeed(speedSet);
38     motor_4.setSpeed(speedSet);
39     motor_1.run(BACKWARD);
40     motor_4.run(BACKWARD);
41    }
42
43    void right_motor(uint8_t speedSet) {
44     motor_1.setSpeed(speedSet);
45     motor_4.setSpeed(speedSet);
46     motor_1.run(FORWARD);
47     motor_4.run(BACKWARD);
48    }
49
50    void left_motor(uint8_t speedSet) {
51     motor_1.setSpeed(speedSet);
52     motor_4.setSpeed(speedSet);
53     motor_1.run(BACKWARD);
54     motor_4.run(FORWARD);
```

```
55        }
56
57
58      void stop_motor() {
59       motor_1.run(RELEASE);
60       motor_4.run(RELEASE);
61        }
```

00 : 소프트웨어 시리얼 라이브러리를 추가한다.

01 : 모터 드라이버 쉴드의 라이브러리를 추가한다.

03 : 모터 드라이버의 1번 채널을 사용한다.

04 : 모터 드라이버의 4번 채널을 사용한다.

09 : 1번 채널의 모터속도를 0으로 설정한다.

10 : 1번 채널의 모터는 멈춘다.

11 : 4번 채널의 모터속도를 0으로 설정한다.

12 : 4번 채널의 모터는 멈춘다.

14 : 블루투스 모듈이 연결된 소프트웨어 시리얼 통신 속도를 9600으로 초기화 한다.

20 : 블루투스로 받은 데이터가 'f'라면 170의 속도로 go_motor 함수를 실행한다. go_motor 함수는 자동차를 앞으로 이동한다. 속도는 0~255까지 조절이 가능하다.

21 : 블루투스로 받은 데이터가 'b'라면 170의 속도로 back_motor 함수를 실행한다. back_motor 함수는 자동차를 뒤로 이동한다.

22 : 블루투스로 받은 데이터가 'r'라면 150의 속도로 right_motor 함수를 실행한다. right_motor 함수는 자동차를 오른쪽으로 회전한다.

22 : 블루투스로 받은 데이터가 'l' 라면 150의 속도로 left_motor 함수를 실행한다. left_motor 함수는 자동차를 왼쪽으로 회전한다.

23 : 블루투스로 받은 데이터가 's' 라면 stop_motor 함수를 실행한다. stop_motor 함수는 자동차를 멈춘다.

29~34 : go_motor 함수이다. 모터의 속도를 결정하고 모터를 정방향으로 돌린다.

36~41 : back_motor 함수이다. 모터의 속도를 결정하고 모터를 역방향으로 돌린다.

43~48 : right_motor 함수이다. 모터의 속도를 결정하고. 1번(왼쪽)모터는 앞으로 4번(오른쪽)모터는 뒤로 돌려 자동차를 오른쪽으로 회전시킨다.

50~5 : left_motor 함수이다. 모터의 속도를 결정하고. 1번(왼쪽)모터는 뒤로 4번(오른쪽)모터는 앞으로 돌려 자동차를 왼쪽으로 회전시킨다.

58~61 : stop_motor 함수이다. 모터를 멈춘다.

자동차 조종 앱만들고 구동하기

01 [프로젝트]-[새 프로젝트 시작하기] 메뉴를 클릭한 후 'a8_2'으로 이름을 넣고 [확인] 버튼을 눌러 새로운 프로젝트를 생성한다.

02 조종기 앱 개발을 시작한다. 조종기에 사용할 미디어 파일을 업로드 한다. [미디어]-[파일 올리기...] 버튼을 클릭한다.

03 [제공자료] 폴더의 [챕터8.조종기사진] 폴더에 접속한 후 사진을 하나 선택하고 [열기] 버튼을 클릭한다.

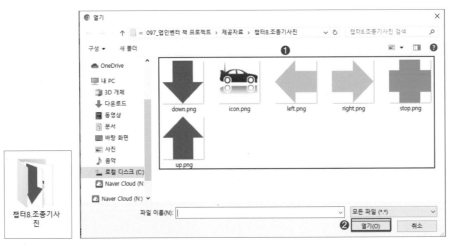

※ icon.png 자동차 그림 파일은 셔터스톡 사이트(https://www.shutterstock.com/)의 검색창에서 "525625867" ID를 검색한 후 그림 파일을 무료로 다운로드 받을 수 있다. 이 책에서는 전체 이미지에서 자동차 부분만 잘라서 사용하였다. 만약 해당 이미지를 찾기 어렵다면 유사한 무료 이미지를 사용해도 무관하다.

04 [확인] 버튼을 클릭한다. [미디어]에 사진파일이 하나 추가되었다. 과정을 반복하여 [챕터.조종기 사진]폴더의 모든 파일을 추가한다.

05 이번 프로젝트는 추가해야 되는 것이 많다. 기존에 하던 방식인 [전화 크기]보 보여지는 아래쪽에 보여지지 않는 부분이 있어 [태블릿 크기]로 변경하여 진행한다. 단순히 보여지는 크기만 차이가 있을 뿐 스마트폰에서 동작하는 방식이나 보여지는 방식은 전혀 차이가 없다.

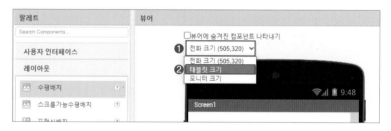

06 [태블릿 크기]로 변경되어 화면의 크기가 더 커진 것을 볼 수 있다.

07 [레이아웃]에서 [수평배치]를 끌어와 뷰어에 위치시킨다. 속성을 다음과 같이 설정한다.

- 수평정렬 : 가운데 3, 수직정렬 : 가운데 2, 높이 : 80픽셀, 너비 : 부모 요소에 맞추기...

08 [사용자 인터페이스]에서 [목록선택버튼]을 끌어와 뷰어의 수평배치1 안에 위치시킨다. 이름을 '연결하기'로 변경한다. '연결하기' 컴포넌트의 속성을 다음과 같이 설정한다.

- 높이 : 부모 요소에 맞추기..., 너비 : 부모 요소에 맞추기..., 텍스트 : '블루투스 연결하기'

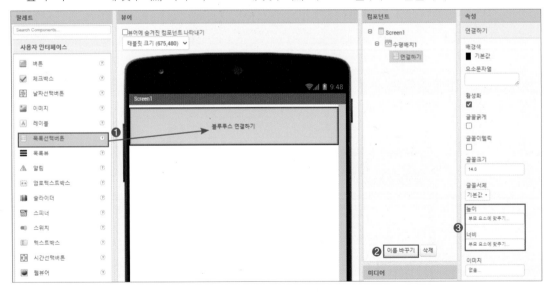

09 [사용자 인터페이스]에서 [목록선택버튼]을 끌어와 뷰어의 수평배치1 안에 위치시킨다. 이름을 '연결끊기'로 변경한다. '연결끊기' 컴포넌트의 속성을 다음과 같이 설정한다.

- 높이 : 부모 요소에 맞추기..., 너비 : 부모 요소에 맞추기..., 텍스트 : '블루투스 연결끊기'

10 [레이아웃]에서 [수평배치]를 끌어와 뷰어에 위치시킨다. 속성을 다음과 같이 설정한다.

- 높이 : 10픽셀, 너비: 부모 요소에 맞추기...

이 컴포넌트의 역할은 컴포넌트간 간격을 띄우기 위해서 사용한다.

11 [레이아웃]에서 [수평배치]를 끌어와 뷰어에 위치시킨다. 속성을 다음과 같이 설정한다.

- 수평정렬 : 가운데 3, 수직정렬 : 가운데 2, 높이 : 15퍼센트, 너비 : 부모 요소에 맞추기...

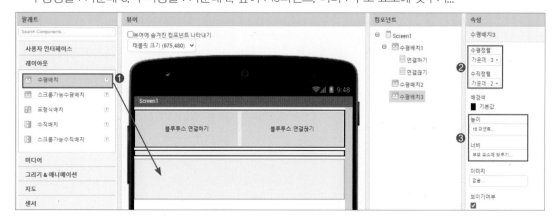

12 [사용자 인터페이스]에서 [버튼]을 끌어와 수평배치3 안에 위치시킨다. 이름을 '위버튼'으로 변경한다. '버튼' 컴포넌트의 속성을 다음과 같이 설정한다.

- 높이 : 부모 요소에 맞추기..., 너비 : 30퍼센트, 이미지 : up.png, 텍스트 : '' 비워두기

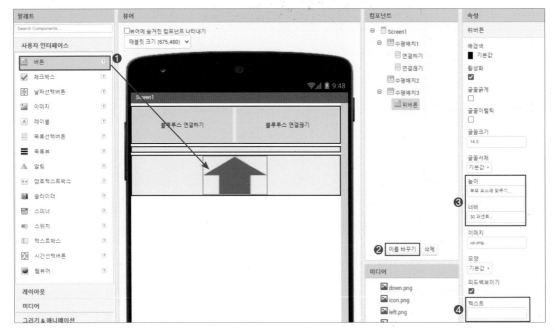

13 [레이아웃]에서 [수평배치]를 끌어와 뷰어에 위치시킨다. 속성을 다음과 같이 설정한다.

- 높이 : 10픽셀, 너비 : 부모 요소에 맞추기...

이 컴포넌트의 역할은 컴포넌트간 간격을 띄우기 위해서 사용한다.

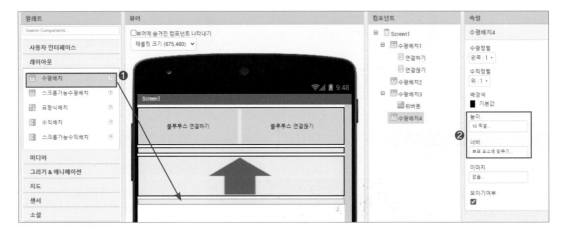

14 [레이아웃]에서 [수평배치]를 끌어와 뷰어에 위치시킨다. 속성을 다음과 같이 설정한다.

- 수평정렬 : 가운데 3, 수직정렬 : 가운데 2, 높이 : 15퍼센트, 너비 : 부모 요소에 맞추기...

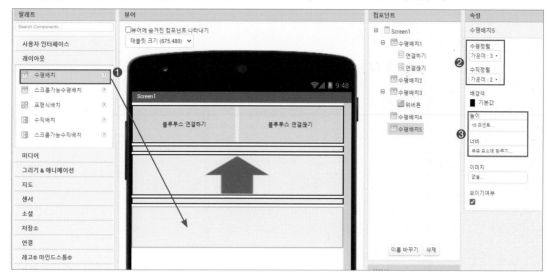

15 [사용자 인터페이스]에서 [버튼]을 끌어와 수평배치5 안에 위치시킨다. 이름을 '왼쪽버튼'으로 변경한다. '왼쪽버튼' 컴포넌트의 속성을 다음과 같이 설정한다.

- 높이 : 부모 요소에 맞추기..., 너비 : 30퍼센트, 이미지 : left.png, 텍스트 : '' 비워두기

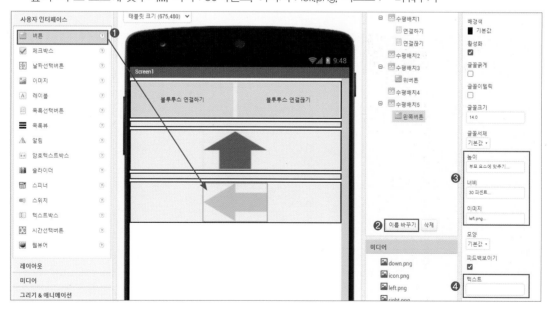

16 [레이아웃]에서 [수평배치]를 끌어와 뷰어의 수평배치5안에 위치시킨다. 속성을 다음과 같이 설정한다.

- 너비 : 10픽셀

이 컴포넌트의 역할은 컴포넌트간 간격을 띄우기 위해서 사용한다.

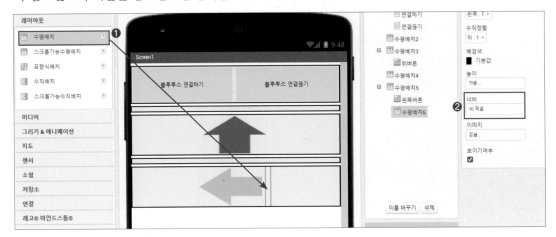

17 [사용자 인터페이스]에서 [버튼]을 끌어와 수평배치5 안에 위치시킨다. 이름을 '멈춤버튼'으로 변경한다. '멈춤버튼' 컴포넌트의 속성을 다음과 같이 설정한다.

- 높이 : 부모 요소에 맞추기..., 너비 : 30퍼센트, 이미지 : stop.png, 텍스트 : '' 비워두기

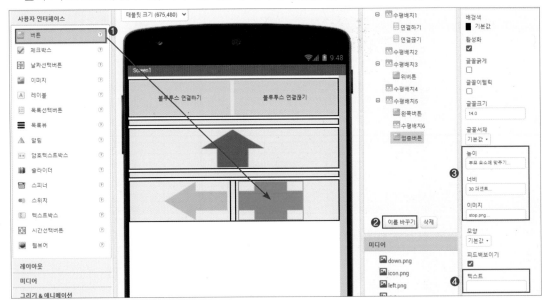

18 [레이아웃]에서 [수평배치]를 끌어와 뷰어의 수평배치5안에 위치시킨다. 속성을 다음과 같이 설정한다.

- 너비 : 10픽셀

이 컴포넌트의 역할은 컴포넌트간 간격을 띄우기 위해서 사용한다.

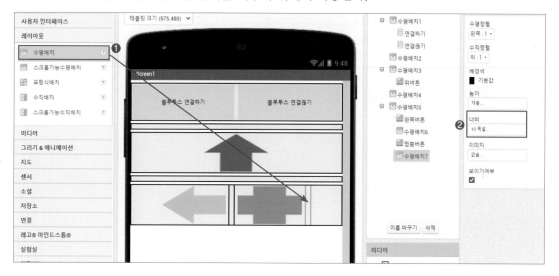

19 [사용자 인터페이스]에서 [버튼]을 끌어와 수평배치5 안에 위치시킨다. 이름을 '오른쪽버튼'으로 변경한다. '오른쪽버튼' 컴포넌트의 속성을 다음과 같이 설정한다.

- 높이 : 부모 요소에 맞추기..., 너비 : 30퍼센트, 이미지 : right.png, 텍스트 : '' 비워두기

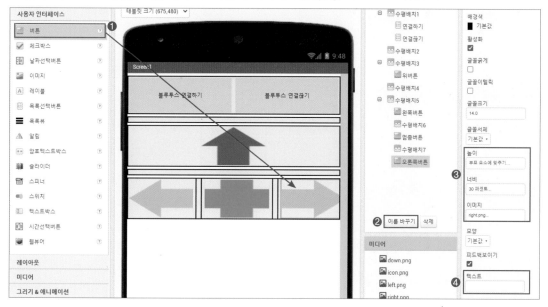

20 [레이아웃]에서 [수평배치]를 끌어와 뷰어에 위치시킨다. 속성을 다음과 같이 설정한다.

- 높이 : 10픽셀, 너비 : 부모 요소에 맞추기...

이 컴포넌트의 역할은 컴포넌트간 간격을 띄우기 위해서 사용한다.

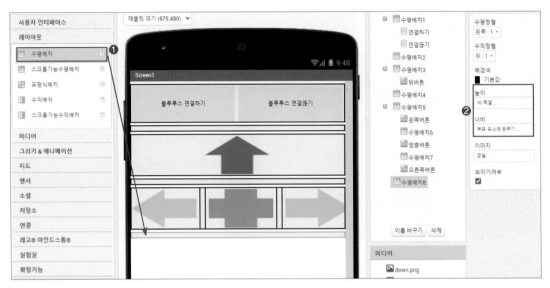

21 [레이아웃]에서 [수평배치]를 끌어와 뷰어에 위치시킨다. 속성을 다음과 같이 설정한다.

- 수평정렬 : 가운데 3, 수직정렬 : 가운데 2, 높이 : 15퍼센트, 너비 : 부모 요소에 맞추기...

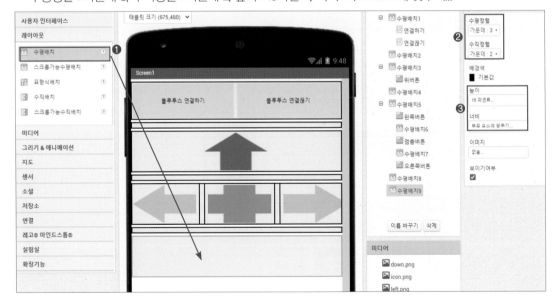

22 [사용자 인터페이스]에서 [버튼]을 끌어와 수평배치5 안에 위치시킨다. 이름을 '아래버튼'으로 변경한다. '아래버튼' 컴포넌트의 속성을 다음과 같이 설정한다.

- 높이 : 부모 요소에 맞추기..., 너비 : 30퍼센트, 이미지 : down.png, 텍스트 : '' 비워두기

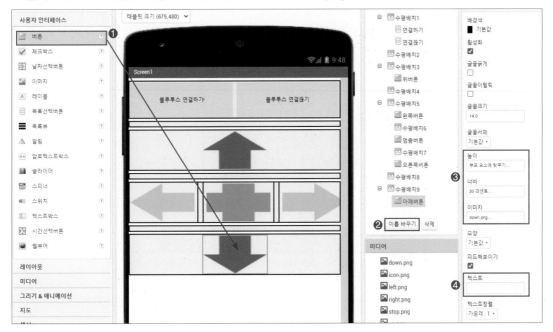

23 [레이아웃]에서 [수평배치]를 끌어와 뷰어에 위치시킨다. 속성을 다음과 같이 설정한다.

- 높이 : 10픽셀, 너비 : 부모 요소에 맞추기...

이 컴포넌트의 역할은 컴포넌트간 간격을 띄우기 위해서 사용한다.

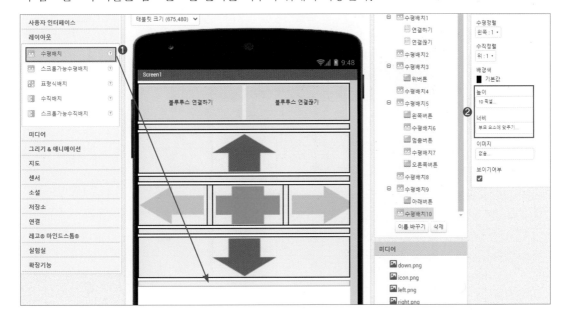

24 [레이아웃]에서 [수평배치]를 끌어와 뷰어에 위치시킨다. 속성을 다음과 같이 설정한다.

- 수평정렬 : 가운데 3, 수직정렬 : 가운데 2, 높이 : 50픽셀, 너비 : 부모 요소에 맞추기...

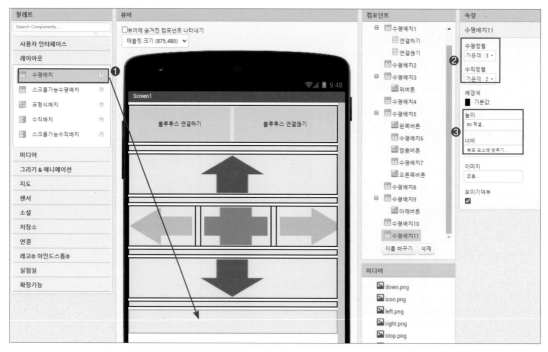

25 [사용자 인터페이스]에서 [버튼]을 끌어와 뷰어의 수평배치11 안에 위치시킨다. 이름을 '설정하기'로 변경한다. '설정하기' 컴포넌트의 속성을 다음과 같이 설정한다.

- 텍스트 : '설정하기'

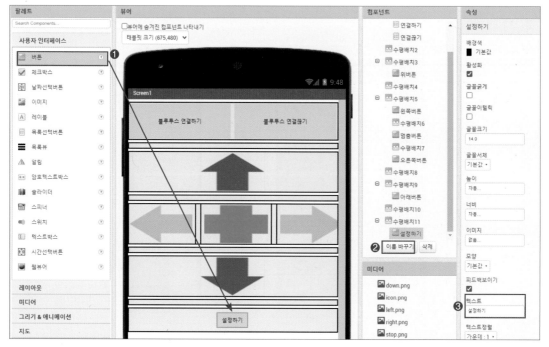

26 다음의 3개의 컴포넌트를 끌어 뷰어에 위치시킨다. [사용자 인터페이스]-[알림], [연결]-[블루투스 클라이언트], [저장소]-[타이니 DB] 다이니DB는 앱을 종료하더라도 설정값 등을 저장 할 수 있는 기능을 한다.

27 컴포넌트 부분에서 [Screen1]을 클릭한다. Screen1의 속성에 앱을 만들 때 앱의 이름, 앱의 아이콘 등을 설정할 수 있다.

28 앱의 이름과 앱의 아이콘을 변경한다.

• 앱이름 : 'blueCarControl', 아이콘 : 'icon.png' 파일을 선택한다.

29 앱에서 만든 [설정하기] 버튼을 눌렀을 때 설정하기 창으로 이동해야한다. 앱인벤터에서 Screen 을 하나 더 추가한다. [스크린 추가...] 버튼을 클릭한다.

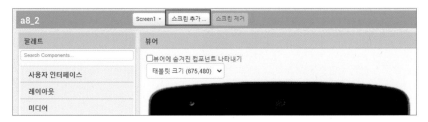

30 이름은 'Screen2' 기본설정으로 두고 [확인] 버튼을 클릭한다.

31 'Screen2'의 새 스크린이 추가되었다. 아래 빨간색 네모 부분을 클릭하여 스크린간에 이동이 가능하다. 앱인벤터에서는 스크린간 이동시 데이터는 및 컴포넌트는 공유되지 않는다. 데이터를 공유하는 방법으로는 [타이니 DB]와 같은 저장소를 통해 가능하다.

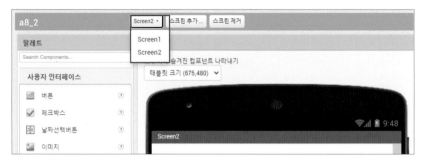

32 [레이아웃]에서 [수평배치]를 끌어와 뷰어에 위치시킨다. 속성을 다음과 같이 설정한다.

- 수평정렬 : 가운데 3, 수직정렬 : 가운데 2, 높이 : 50픽셀, 너비 : 부모 요소에 맞추기...

33 [사용자 인터페이스]에서 [레이블]을 끌어와 수평배치1 안에 위치시킨다. 속성을 다음과 같이 설정한다.

- 텍스트 : ' 값을 입력한 후 "저장하기" 버튼을 누르세요'

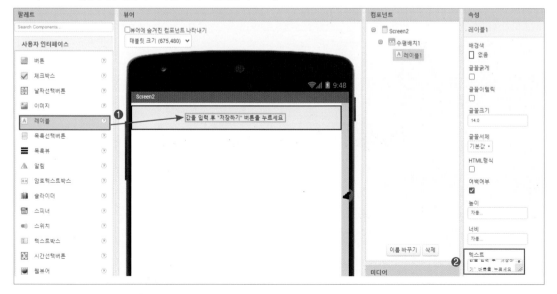

34 [레이아웃]에서 [수평배치]를 끌어와 뷰어에 위치시킨다. 속성을 다음과 같이 설정한다.

- 수평정렬 : 가운데 3, 수직정렬 : 가운데 2, 높이 : 80픽셀, 너비 : 부모 요소에 맞추기...

35 [사용자 인터페이스]에서 [버튼]을 끌어와 뷰어의 수평배치2안에 위치시킨다. 이름을 '위버튼'으로 변경한다. '위버튼'의 속성을 다음과 같이 설정한다.

- 높이 : 50픽셀, 너비 : 50픽셀, 이미지 : up.png, 텍스트 : '' 비워두기

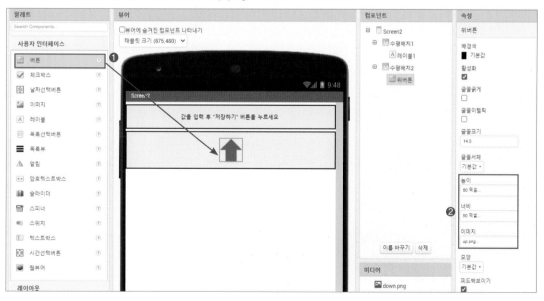

36 [사용자 인터페이스]에서 [텍스트박스]를 끌어와 수평배치2 안에 위치시킨다. 이름을 '위텍스트박스'로 변경한다. '위텍스트박스'의 속성을 다음과 같이 설정한다.

- 너비 : 50픽셀, 힌트 : " 비워두기, 텍스트 : '.' 점

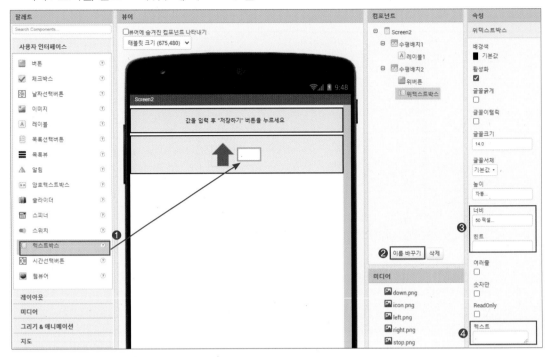

37 [레이아웃]에서 [수평배치]를 끌어와 뷰어의 수평배치2안에 위치시킨다. 속성을 다음과 같이 설정한다.

- 너비 : 50픽셀

이 컴포넌트의 역할은 컴포넌트간 간격을 띄우기 위해서 사용한다.

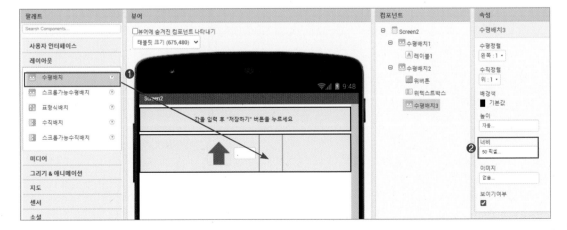

38 [사용자 인터페이스]에서 [버튼]을 끌어와 뷰어의 수평배치2안에 위치시킨다. 이름을 '아래버튼'으로 변경한다. '아래버튼'의 속성을 다음과 같이 설정한다.

- 높이 : 50픽셀, 너비 : 50픽셀, 이미지 : down.png, 텍스트 : '' 비워두기

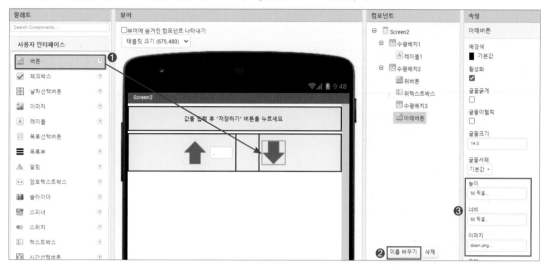

39 [사용자 인터페이스]에서 [텍스트박스]를 끌어와 수평배치2 안에 위치시킨다. 이름을 '아래텍스트박스'로 변경한다. '아래텍스트박스'의 속성을 다음과 같이 설정한다.

- 너비 : 50픽셀, 힌트 : '' 비워두기, 텍스트 : '.' 쩜

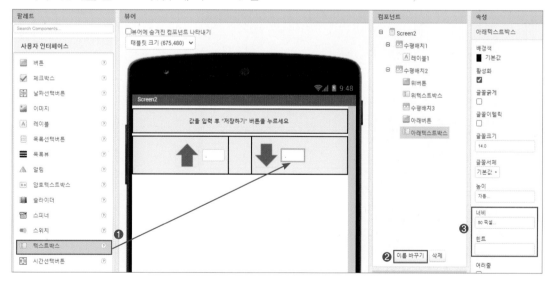

40 [레이아웃]에서 [수평배치]를 끌어와 뷰어에 위치시킨다. 속성을 다음과 같이 설정한다.

- 수평정렬 : 가운데 3, 수직정렬 : 가운데 2, 높이 : 80픽셀, 너비 : 부모 요소에 맞추기...

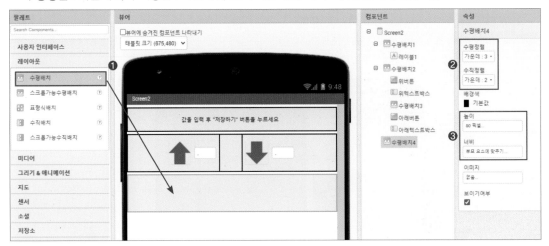

41 [사용자 인터페이스]에서 [버튼]을 끌어와 뷰어의 수평배치4안에 위치시킨다. 이름을 '왼쪽버튼' 으로 변경한다. '왼쪽버튼'의 속성을 다음과 같이 설정한다.

- 높이 : 50픽셀, 너비 : 50픽셀, 이미지 : left.png, 텍스트 : " 비워두기

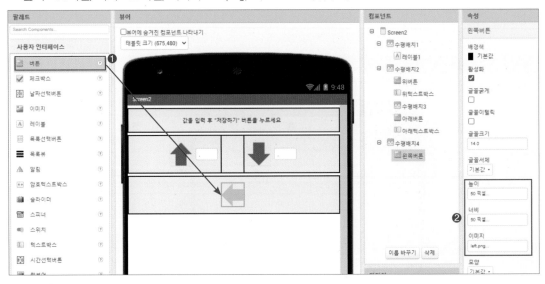

42 [사용자 인터페이스]에서 [텍스트박스]를 끌어와 수평배치4 안에 위치시킨다. 이름을 '왼쪽텍스트박스'로 변경한다. '왼쪽텍스트박스'의 속성을 다음과 같이 설정한다.

- 너비 : 50픽셀, 힌트 : " 비워두기, 텍스트 : '' 쩜

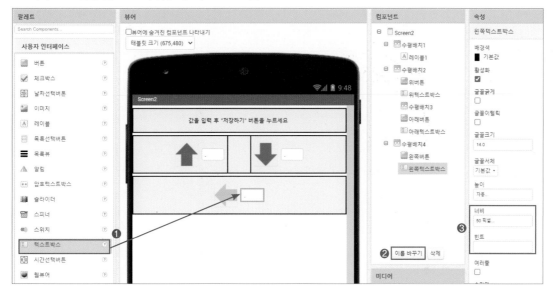

43 [레이아웃]에서 [수평배치]를 끌어와 뷰어의 수평배치4안에 위치시킨다. 속성을 다음과 같이 설정한다.

- 너비 : 50픽셀

이 컴포넌트의 역할은 컴포넌트간 간격을 띄우기 위해서 사용한다.

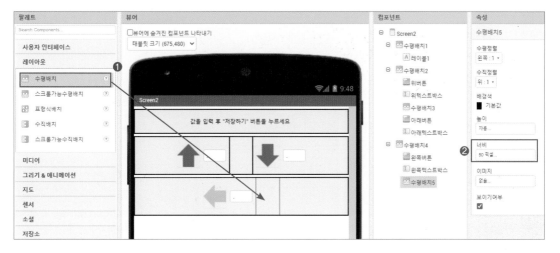

44 [사용자 인터페이스]에서 [버튼]을 끌어와 뷰어의 수평배치4안에 위치시킨다. 이름을 '오른쪽버튼'으로 변경한다. '오른쪽버튼'의 속성을 다음과 같이 설정한다.

- 높이 : 50픽셀, 너비 : 50픽셀, 이미지 : right.png, 텍스트 : " 비워두기

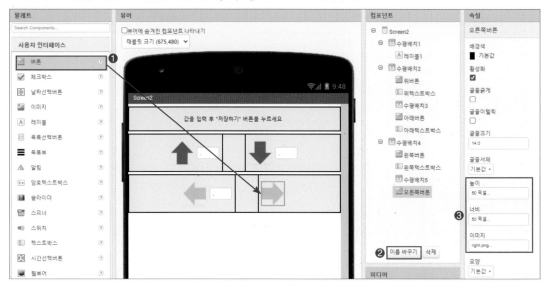

45 [사용자 인터페이스]에서 [텍스트박스]를 끌어와 수평배치4 안에 위치시킨다. 이름을 '오른쪽텍스트박스'로 변경한다. '오른쪽텍스트박스'의 속성을 다음과 같이 설정한다.

- 너비 : 50픽셀, 힌트 : " 비워두기, 텍스트 : '' 쩜

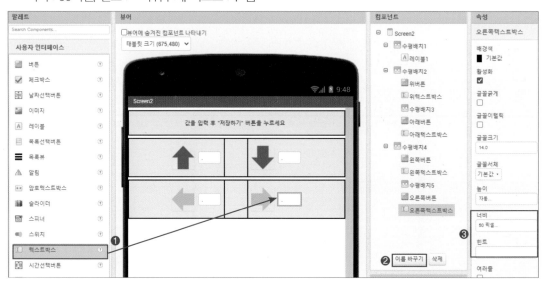

46 [레이아웃]에서 [수평배치]를 끌어와 뷰어에 위치시킨다. 속성을 다음과 같이 설정한다.

- 수평정렬 : 가운데 3, 수직정렬 : 가운데 2, 높이 : 80픽셀, 너비 : 부모 요소에 맞추기...

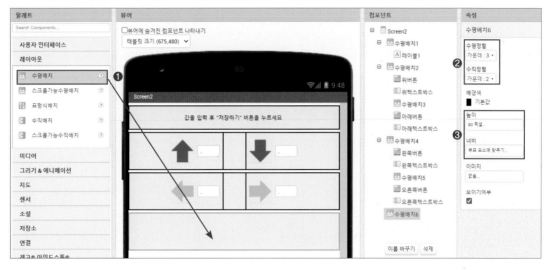

47 [사용자 인터페이스]에서 [버튼]을 끌어와 뷰어의 수평배치6안에 위치시킨다. 이름을 '멈춤버튼' 으로 변경한다. '멈춤버튼'의 속성을 다음과 같이 설정한다.

- 높이 : 50픽셀, 너비 : 50픽셀, 이미지 : stop.png, 텍스트 : " 비워두기

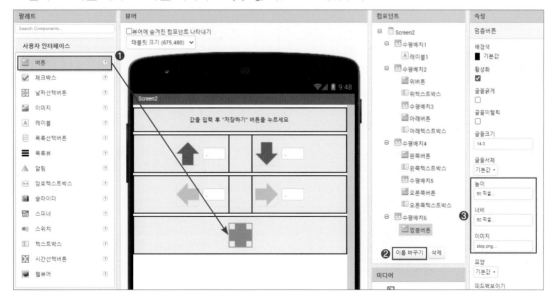

48 [사용자 인터페이스]에서 [텍스트박스]를 끌어와 수평배치6 안에 위치시킨다. 이름을 '멈춤텍스트박스'로 변경한다. '멈춤텍스트박스'의 속성을 다음과 같이 설정한다.

- 너비 : 50픽셀, 힌트 : " 비워두기, 텍스트 : '' 쩜

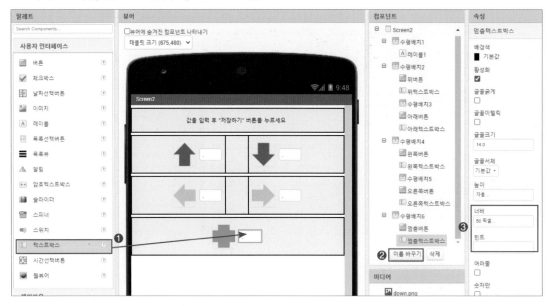

49 [레이아웃]에서 [수평배치]를 끌어와 뷰어에 위치시킨다. 속성을 다음과 같이 설정한다.

- 수평정렬 : 가운데 3, 수직정렬 : 가운데 2, 높이 : 50픽셀, 너비 : 부모 요소에 맞추기...

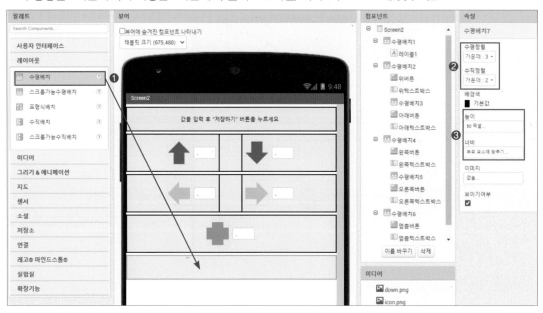

50 [사용자 인터페이스]에서 [버튼]을 끌어와 뷰어의 수평배치7안에 위치시킨다. 이름을 '저장하기버튼'으로 변경한다. '저장하기버튼'의 속성을 다음과 같이 설정한다.

• 텍스트 : '저장하기'

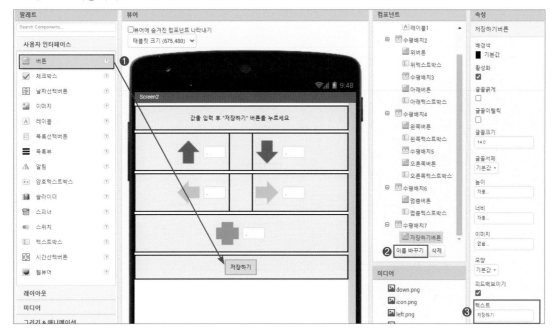

51 [저장소]에서 [타이니 DB]를 끌어와 뷰어에 위치시킨다

52 블록으로 이동하여 프로그램 한다. 블록 프로그램은 [Screen2]–[Screen1] 순으로 진행한다. 먼저 [Screen2]의 블록프로그램을 진행하자

53 아래 블록을 완성한다.

❶ 저장하기 버튼을 클릭했을 때

타이니 DB에 각각의 텍스트박스에 기록된 값을 저장한 후 [Screen1]으로 이동한다. 타이니 DB는 태그의 이름으로 저장된다. 앱이 종료되더라도 값이 저장되어 있다. 다시 불러올때도 태그의 이름으로 불러온다. 태그의 이름이 틀리거나 없다면 값을 불러 올 수 없다. `다른 스크린 열기 스크린 이름` 블록은 [공통 블록]에 [제어]에 위치하고 있다. 스크린간 이동할 때 사용한다.

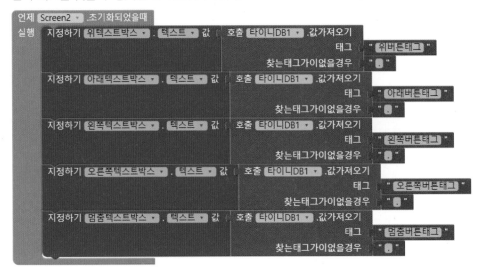

❷ Screen2가 초기화 되었을 때

각각의 텍스트박스는 타이니 DB에서 태그의 이름으로 값을 가지고 와서 각각의 텍스트박스에 값을 넣는다. 만약 태그를 찾을 수 없다면 '.'으로 초기화한다.

54 [Screen2]의 모든 블록을 완성하였다. [Screen1]으로 이동하여 블록을 만들자.

55 [Screen1]으로 이동하였다. 이제 블록을 만든다.

56 블루투스 연결 시에 필요한 블록들을 만든다.

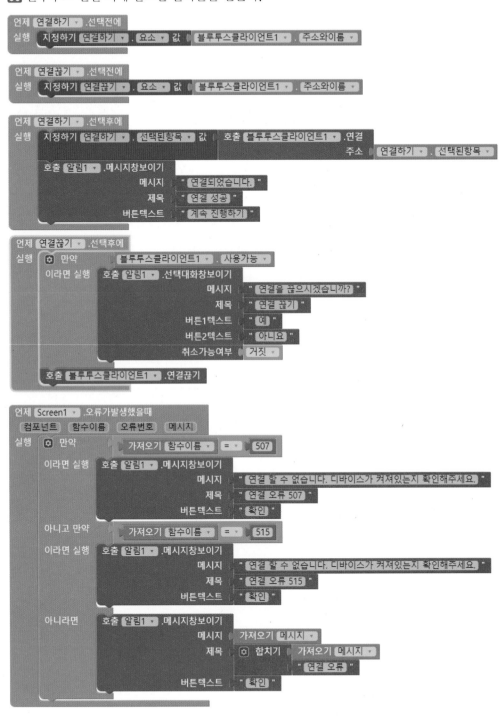

57 [Screen1]이 초기화 되었을 때 각각의 버튼은 타이니 DB에서 값을 가지고와서 텍스트 값을 넣는다.

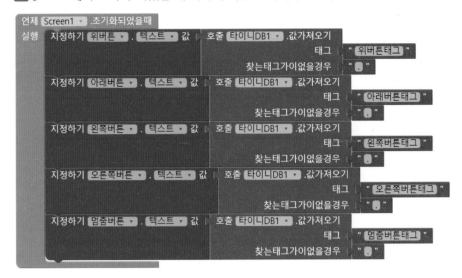

58 [설정하기] 버튼을 클릭 시 'Screen2'로 이동한다.

59 아래 블록을 완성한다. 각각의 버튼을 클릭했을 때 블루투스가 연결되어 있다면 블루투스 클라이 언트를 통해 버튼의 텍스트 값을 전송한다. 누를 때 한 번 전송된다.

■ 완성 파일 : 자료제공\프로젝트\a8_2.aia

60 모든 블록이 완성되었다. [빌드]-[앱(.APK용 QR 코드 제공)을 클릭하여 설치하자. APK 파일이 생성되고 QR 코드를 통해 다운로드 받을 수 있다. APK 파일로 만들어 지기 때문에 시간이 2~5분 가량 소요된다.

61 앱인벤터에서 QR 코드를 찍어 앱을 다운로드 받을 수 있다.

62 앱인벤터에서 등록한 아이콘과 이름으로 설치되었다.

63 앱을 처음 실행했을 때 화면이다. 각각의 버튼에 대한 값이 설정되지 않다 '.' 점으로 표시된다. [설정하기] 버튼을 클릭한다.

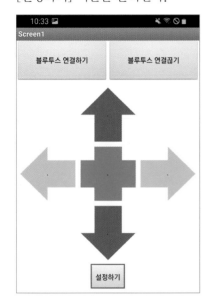

64 각각의 값을 다음처럼 변경한다.

• 위버튼 : f, 아래버튼 : b, 왼쪽버튼 : l (소문자엘), 오른쪽버튼 : r, 멈춤버튼 : s

변경 후 [저장하기] 버튼을 클릭한다.

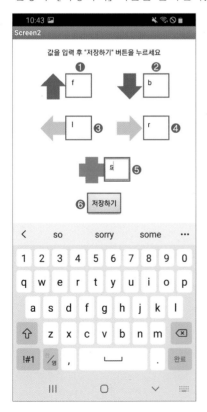

65 메인화면에서 각각의 버튼에 값이 입력됐음을 확인할 수 있다. 타이니 DB로 값이 저장하였기 때문에 앱을 종료한 후 다시 실행하더라도 값은 그대로 남아 있다. [블루투스 연결하기] 버튼을 눌러 블루투스 연결 후 버튼을 눌러 자동차를 조종한다.

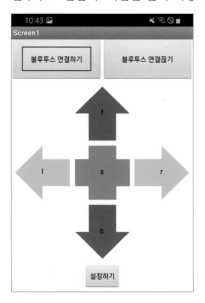

67 조종앱을 통해 조종을 해보자.

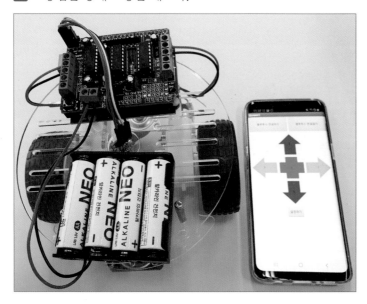

동작 동영상은 아래 링크에서 확인 가능하다.

• https://youtu.be/EdJXnxcuynI

아두이노와 앱인벤터키트 + 2WD자동차를 한곳에!

블루투스와 와이파이 통신을 이용한

아두이노와 앱인벤터
입문 + 실전(종합편)

아두이노 / 라즈베리드론
만들고 코딩하기

직접 코딩하고 드론을 제어 학습 가능

아두이노로 로봇 만들기

라인트레이서 / 스마트카 / 탱크 / 로봇팔 등
다양한 제품 제작 가능

라인

블루투스와 와이파이 통신을 이용한
아두이노와 앱인벤터
입문 +실전(종합편)

구매 **방법**

대량구매는 고객센터로 문의주세요.
고객센터 : 070-7704-5662

1. 다두이노 홈페이지 http://www.daduino.co.kr 접속 [회원가입 - 가입시 1000원 적립금 지급]

2. 검색창에 " 아두이노와 앱인벤터 입문 + 실전(종합편) " 검색

3. 옵션등 필요한 사항 확인후 구매 해주세요

함께 보면 도움되는 추천 도서

아두이노 자동차의 모든 것
아두이노 | 메이커 | C언어 | 자동차

장문철 저 | 18,000원

AI 인공지능 자율주행 자동차
만들기+데이터수집+학습+딥러닝
with 라즈베리파이

장문철 저 | 20,000원

만들면서 배우는
아두이노와 40개의 작품들
기초 작품부터 다양한 사물인터넷 및
인공지능 작품 만들기까지

장문철 저 | 20,000원

만들면서 배우는
앱 인벤터로 11개 인공지능 앱 만들기

박지숙, 김수연, 전진아, 김종렬, 장문철 공저
14,500원